石化产品市场分析和预测方法与投资决策

刘媛 著

中国石化出版社

内 容 提 要

本书通过对国内外石化产品生命周期的实证分析，系统阐述了石化产品生命周期的研判方法，并对主要石化产品在其生命周期中所处阶段进行了判断；介绍了石化产品市场分析和预测所需遵循的原则；详述了石化产品市场分析的关键要素和方法，包括供需现状、未来预测，强调了石化产品市场供需预测的实用方法及数据分析的理念；分析了石化产品价格变化的周期性，结合宏观经济形势和原油价格走势等因素，提出了石化项目投资时机的建议。

本书主要针对石化产品中长期市场进行分析和预测，可供石化项目投资决策者、石化产品市场分析与预测人员使用，对从事石化行业证券投资、石化贸易的工作人员所关心的即期或短期市场分析，亦有一定的参考价值。

图书在版编目(CIP)数据

石化产品市场分析和预测方法与投资决策 / 刘媛著．—北京：中国石化出版社，2018
ISBN 978-7-5114-4806-4

Ⅰ.①石… Ⅱ.①刘… Ⅲ.①石油化工-化工产品-市场分析②石油化工-化工产品-市场预测③石油化工-化工产品-投资决策 Ⅳ.①F407.22

中国版本图书馆 CIP 数据核字(2018)第 049628 号

中国石化出版社出版发行
地址：北京市朝阳区吉市口路 9 号
邮编：100020 电话：(010)59964500
发行部电话：(010)59964526
http://www.sinopec-press.com
E-mail：press@sinopec.com
北京科信印刷有限公司印刷
全国各地新华书店经销
*
850×1168 毫米 32 开本 3.875 印张 90 千字
2018 年 4 月第 1 版 2018 年 4 月第 1 次印刷
定价：28.00 元

前　言

石油化工属于资金、技术密集型行业，产品种类繁多，产业链较长，与国民经济发展息息相关。石化装置建设周期普遍较长，投资回报具有不确定性。实施科学的投资决策，是获取良好投资回报的关键。石化项目的投资决策，须建立在科学的市场分析和预测基础上。

目前，市场研究与分析理论已比较成熟，相关文章及论著也不少，但有些理论应用比较复杂，难以在实际工作中推广；学术期刊、新闻媒体及专业报告针对某个或一些石化产品的市场分析和预测文章也是汗牛充栋，但随着时间的推移，具体的市场数据便失去了时效性。项目投资者迫切需要一套较为系统全面、科学有效、操作便捷的市场分析和预测方法，为项目决策提供有效支撑。作者从事石化产品市场分析与预测20余年，既往对未来市场的预测随着时间的推移逐步得到验证，在预测值与实际值偏差的修正过程中，反复摸索各种预测方法，并广泛与国内外同行交流研究，不断总结经验，持续提高预测方法的准确性，为一些项目提供了投资决策依据。授人以鱼不如授人以渔，本书重点介绍了石化产品市场预测的实用方法，列举的市场分析和预测案例，是为了更好地说明分析内容和预测方法，而非介绍该石化产品特定时期的市场状况。

本书共分为四章，首先介绍了石化产品生命周期的数种研判方法，包括曲线判断法、表观消费量增长率法、经验判断法、类比判断法等。在实际工作中，可首先采用最直观简洁的曲线判断法快速排除不可能情况；然后采用表观消费量增长率法进行定量分析，但选取的时间范围不宜太短；对于曲线判断法和表观消费量增长率法之判断结果尚存有疑虑的石化产品，可进一步采用经验判断法；对于新产品或缺少市场数据的产品，可以采用类比判断法进行研判。

在世界石化产品市场分析及预测中，首先介绍了中国石化、中国石油两大石油石化企业在石化投资建设项目可行性研究报告中对世界市场部分的要求，并分析了其差异点；详细阐述了世界石化产品市场所需分析的内容，以及如何进行数据挖掘、数据分析而得出分析结论，重点强调数据分析的理念，而非数据的罗列。

在国内石化产品市场分析与预测中，首先介绍了石化产品市场的分析预测原则及理论方法；然后以正丁醇、辛醇为例，详细说明国内市场分析中，供应和消费现状分析的重点内容；在未来消费预测中，详细阐述了具有可操作性的定性与定量方法，包括下游市场分析、弹性系数法、曲线拟合法、人均消费量法及专家预测法等，并提出了高值、中值、低值的概念；根据预测的供应和需求数据，综合分析得出某石化产品以分析年份为时间基点关于未来国内市场的供需态势及市场空间的预测。同时，根据已成为现实的数据，检验该预测方法的可信性。

同时，本书也研究了石化产品市场的周期性，以产品价格这一对市场变化最敏感因素为研究对象分析市场变化规律，推测未来市场走势。曾有研究人员提出石化产品市场周期为 7~9 年，作者研究认为石化产品市场周期性表现出长短周期交替出现的特征，长周期大约为 12 年，短周期不超过 7 年。此外，还通过研究较长时间段石化产品价格与经济形势、原油价格、股票、贵金属等因素的关联性，对石化市场景气周期做出预测，以期把握投资时机。

本书主要适用于石化产品的市场分析和预测，包括乙烯及其衍生物、丙烯及其衍生物、三苯及其衍生物等。本书所介绍的方法更适用于石油化工投资决策中的中长期市场分析，对石化贸易所需要的即期或短期市场预测，可供参考。

编者

2017 年深秋于北京

目　　录

第1章　石化产品生命周期研判方法

石化产品主要包括乙烯、丙烯、丁二烯、苯、甲苯、二甲苯（简称“三烯三苯”）和甲醇七大基本有机原料以及上述七个品种的一级衍生物，构成数十种产品。因此，通常所说的石化产品包括乙烯及其衍生物聚乙烯（PE）、环氧乙烷/乙二醇（EO/EG）、氯乙烯（VCM）、醋酸、醋酸乙烯、苯乙烯（SM）、α-烯烃等；丙烯及其衍生物聚丙烯（PP）、丙烯腈、环氧丙烷（PO）、正丁醇、辛醇、丙烯酸及酯、苯酚、丙酮等；二甲苯的衍生物邻苯二甲酸酐（俗称苯酐）、对苯二甲酸（PTA）、聚对苯二甲酸乙二酯（聚酯，PET）等。上述产品除聚合物以外，均是生产其他化学品的原料。

石化产品如同人的生命，有其产生、发展、成熟、衰退及消亡的过程，称为产品生命周期。研究和判断产品生命周期，对于企业投资决策、开发新产品、掌握产品市场规律、改善经营管理、提高经济效益都具有十分重要的现实意义。分析和预测石化产品市场状况，首先要研究产品生命周期，根据产品生命周期理论及研判结果，实施投资战略、生产战略和营销战略，以保证产品具有竞争力，企业效益最大化并可持续发展。

本章首先介绍产品生命周期理论，然后分别采用曲线判断法、表观消费量年均增长率法、经验判断法和类比判断法等定性和定量方法，对石化产业链中的有机原料、合成树脂、合成橡胶、合成纤维单体等有代表性的石化产品的生命周期进行了实证研究，认为这些方法均比较适合石化产品生命周期的研判。由于各种方法都有其局限性，不同石化产品的最有效研判方法会各有不同，所以应该将定性分析与定量分析相结合，采用多种方法进行综合研判。

对于石化产品生命周期研判过程，首先采用曲线判断法快速排除不可能情况，因为该方法是对比曲线的相似性，最直观简洁；接下来采用表观消费量增长率法进行定量分析，注意数据选取的时间范围不能太短，否则会因偶然因素影响测算结果；然后可以采用经验判断法，对前两个步骤没有得到明确结论或结果存有疑虑的产品做进一步研究，凭借多方专家的经验得出最终判断；对于新产品或缺少市场数据的产品，可以采用类比判断法进行研判。一般情况下，经过上述研判过程，所研究的石化产品在其产品生命周期中所处的阶段就能够作出明确判断，这对于投资决策具有重要参考价值。目前在中文期刊及文献中尚未检索到其他学者将产品生命周期理论应用于石化产品市场分析领域。

1.1 产品生命周期理论

产品生命周期理论是美国哈佛大学著名经济学教授雷蒙·弗农(Raymond Vernon)于 1966 年在其《产品周期中的国际投资与国际贸易》中首次提出的，是指一种产品从发明到推广、应用、普及和衰败的过程，或者说是指一种产品从研制成功投入市场到市场认可、再到市场广泛接纳，及至最后被市场所淘汰的完整历史。一种产品的生命周期一般可分为四个阶段，即导入期、成长期、成熟期和衰退期(也有学者划分为五个阶段：创新阶段、成长阶段、成熟阶段、标准化阶段和衰退阶段)，详见图 1-1。

导入期时，产品开始逐步被市场所认同和接受，行业开始形成并初具规模。此阶段行业内企业很少，市场需求低，产品质量不稳定，批量不大，产品生产成本高，发展速度慢。对经营者来说，在该阶段需要付出极大的代价来培育市场，完善产品。但随着行业的发展，生产商可能会在行业中取得先入优势。

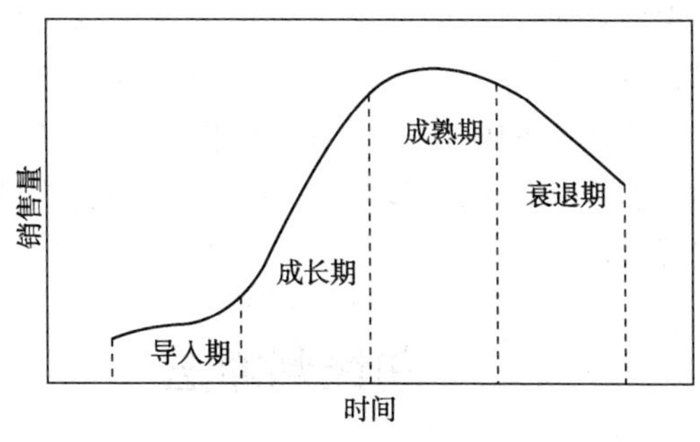

图 1-1　典型产品生命周期曲线

成长期时，产品市场需求急剧膨胀，行业内的企业数量迅速增加，行业在经济结构中的地位得到提高，产品质量提高，成本下降。对投资者来说，此时是进入该行业的理想时段。

成熟期时，产品定型，技术成熟，成本下降，利润水平相对较高。但是随之而来的是需求逐渐满足，行业增长速度放缓。此阶段由于市场竞争激烈，企业进入门槛较高，除非有强大的资金支撑和技术实力，否则难以获得成功。

衰退期时，由于需求变化、新技术的开发、替代产品的出现，原有产品的市场迅速萎缩；同时，由于技术的成熟，各企业生产的产品差别不大。行业内的一些生产商开始转移生产领域。对投资者来说，此时不宜进入此行业。

产品生命周期不同阶段的特点见表 1-1。

表 1-1　产品生命周期不同阶段的特点

阶段	导入期	成长期	成熟期	衰退期
市场容量	小	逐步增大	饱和	逐渐下降
生产规模	小	逐步扩大	最大	逐渐缩小
生产成本	高	逐步降低	最低	逐渐提高
产品质量	不稳	稳定	好	便利品
消费者认知	低	逐步提高	认同	逐渐放弃
竞争状况	少	逐步增加	激烈	逐渐退出

在产品生命周期的不同阶段，投资者需采取不同的投资策略，以巩固和改变自身的竞争地位并获得最佳的投资效益。识别产品所处生命周期的阶段，通常采用曲线判断法、销售增长率法(本书采用表观消费量年均增长率法)、经验判断法、类比判断法等进行分析判断。

1.2 曲线判断法

曲线判断法是指绘出石化产品销售量或利润随时间变化的曲线，然后将该曲线与前述图 1-1 的典型产品生命周期曲线进行比较，判断该产品在生命周期中所处的阶段。对一个国家或地区而言，一定时段的销售量基本等同于同期的表观消费量。表观消费量是指一定地理范围(如世界范围、一个国家等)、一定时段某个产品在该地理范围内的产量加上进口量，并减去出口量，一般而言一定时段是以年为计量单位。

下面按类别分别对世界和中国的有代表性的部分石化产品进行研判，包括有机原料、合成树脂、合成橡胶、合成纤维单体等。

1.2.1 世界石化产品

(1) 有机原料

选取最重要的基本有机原料乙烯和丙烯进行分析。将1997—2015 年期间世界这两种石化产品的表观消费量在图 1-2 中绘出，将图 1-2 与图 1-1 进行对比可以看出，两条曲线均与典型产品生命周期曲线前三段相似，与后一段截然不同，由此说明乙烯和丙烯两种基本有机原料均未处于衰退期。

下面对苯、苯乙烯、苯酚、丙酮进行分析。将 1997—2015 年期间世界这些产品的表观消费量分别绘在图 1-3 中，将每条曲线分别与图 1-1 进行对比可以看出，这些曲线均与典型产品生命周期曲线前三段相似，与后一段不同，由此说明这些产品均未处于衰退期。

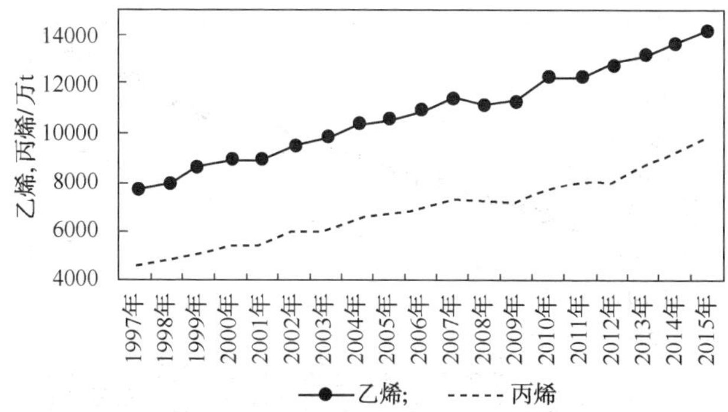

图 1-2　1997—2015 年世界乙烯和丙烯表观消费量曲线

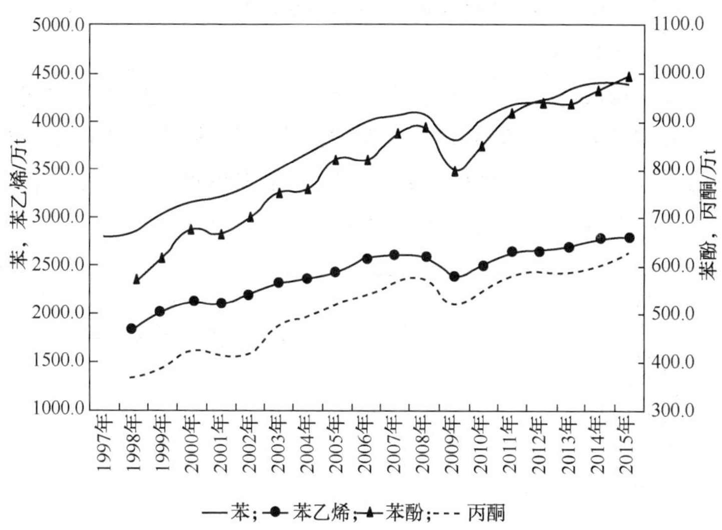

图 1-3　1997—2015 年世界苯、苯乙烯、苯酚和丙酮表观消费量曲线

（2）合成树脂

合成树脂选取聚乙烯、聚丙烯进行分析。将 1995—2015 年期间世界这两种石化产品的表观消费量在图 1-4 中绘出，将该图与图 1-1 进行对比可以看出，两条曲线均与典型产品生命周期曲线前三段相似，与后一段明显不同，由此说明这两种产品

均未处于衰退期。

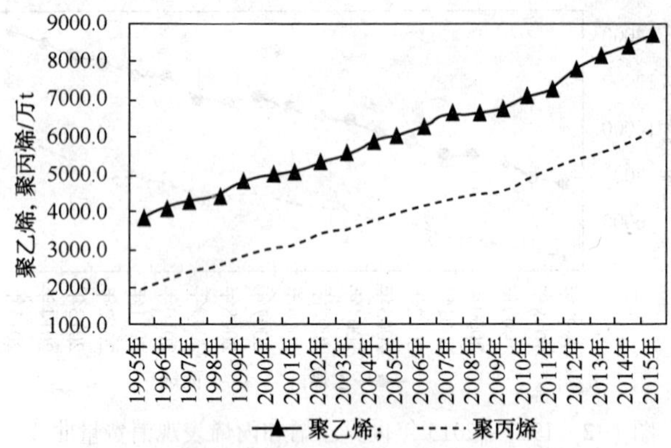

图 1-4　1995—2015 年世界聚乙烯和聚丙烯表观消费量曲线

(3)合成橡胶

合成橡胶选取丁苯橡胶进行分析。将 1997—2015 年期间世界丁苯橡胶表观消费量在图 1-5 中绘出，将该图与图 1-1 进行对比可以看出，该曲线与典型产品生命周期曲线前三段相似，与后一段不同，由此说明该产品未处于衰退期。

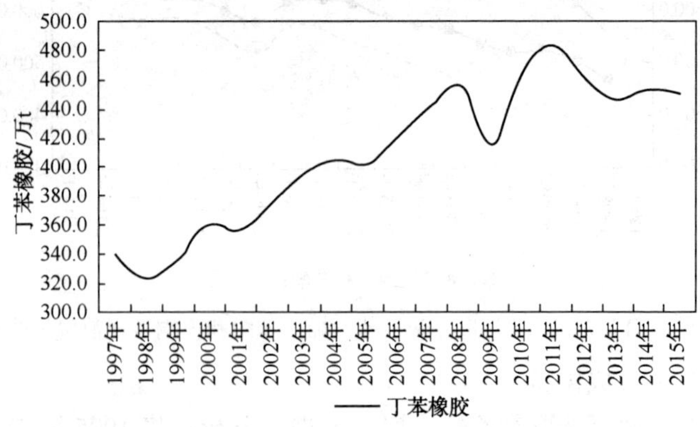

图 1-5　1997—2015 年世界丁苯橡胶表观消费量曲线

(4)合成纤维单体

合成纤维单体选取丙烯腈、己内酰胺进行分析。将 1997—

2015 年期间世界这两种石化产品的表观消费量在图 1-6 中绘出，将该图与图 1-1 进行对比可以看出，两条曲线均与典型产品生命周期曲线前三段相似，与后一段不同，由此说明这两种产品均未处于衰退期。

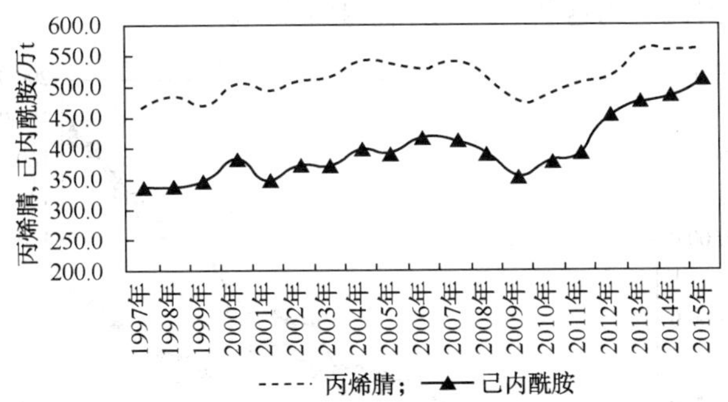

图 1-6　1997—2015 年世界丙烯腈和己内酰胺表观消费量曲线

1.2.2　中国石化产品

(1)有机原料

对于中国的石化产品，类似地，首先选取乙烯和丙烯进行分析。将 1990—2016 年期间中国乙烯、丙烯两种产品的表观消费量在图 1-7 中绘出，将图 1-7 与图 1-1 进行对比可以看出，两条曲线均与典型产品生命周期曲线前三段相似，与后一段明显不同，由此说明中国这两种产品均未处于衰退期。

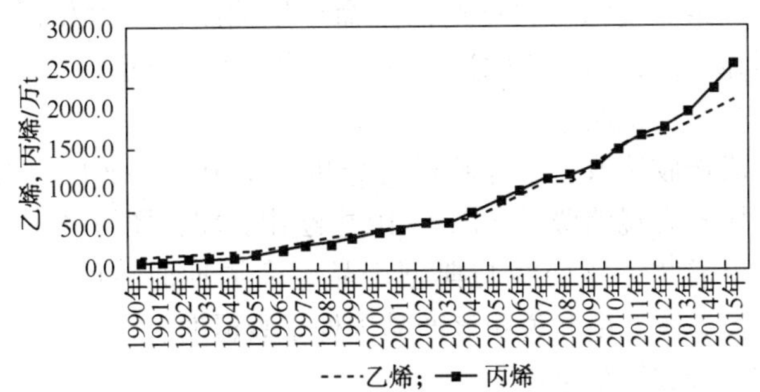

图 1-7　1990—2016 年中国乙烯和丙烯表观消费量曲线

下面对苯、对二甲苯（PX）、正丁醇和辛醇进行分析。将1990—2016年期间中国这些石化产品的表观消费量分别绘在图1-8中，然后将这些曲线分别与图1-1进行对比可以看出，这些曲线均与典型产品生命周期曲线前三段相似，与后一段明显不同，由此说明这些产品均未处于衰退期。

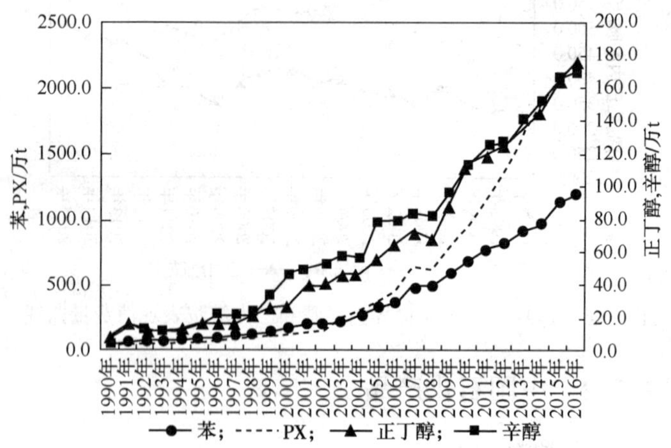

图1-8　1990—2016年中国苯、PX、正丁醇和辛醇表观消费量曲线

（2）合成树脂

合成树脂选取聚乙烯（PE）、聚丙烯（PP）、聚氯乙烯（PVC）和ABS进行分析。将1989—2016年期间中国这些产品的表观消费量在图1-9中绘出，将这张图与图1-1进行对比可以看出，四条曲线均与典型产品生命周期曲线前三段相似，与后一段明显不同，由此说明这四种产品均未处于衰退期。

（3）合成橡胶

合成橡胶选取丁苯橡胶进行分析。将1990—2016年期间中国丁苯橡胶表观消费量在图1-10中绘出，将该图与图1-1进行对比可以看出，该曲线与典型产品生命周期曲线前三段相似，与后一段不同，由此说明该产品未处于衰退期。

（4）合成纤维单体

合成纤维单体选取丙烯腈、己内酰胺进行分析。将1990—

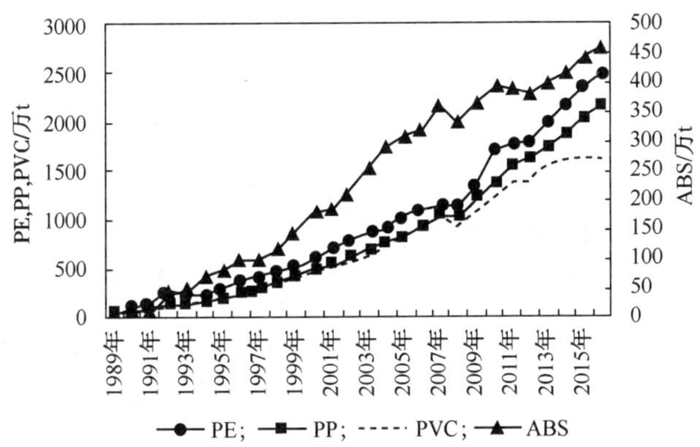

图 1-9　1989—2016 年中国 PE、PP、PVC 和 ABS 表观消费量曲线

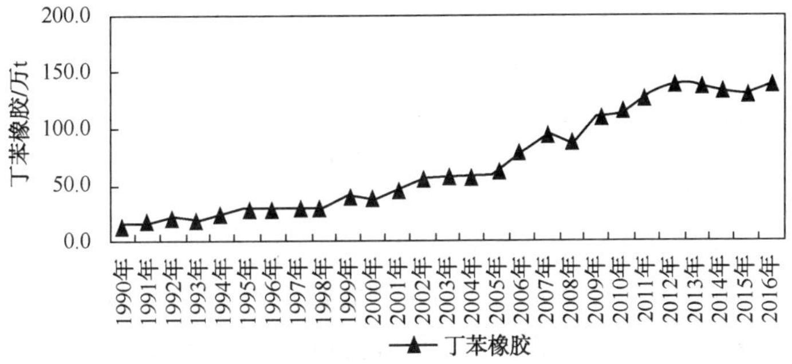

图 1-10　1990—2016 年中国丁苯橡胶表观消费量曲线

2016 年期间中国这两种石化产品的表观消费量在图 1-11 中绘出，将该图与图 1-1 进行对比可以看出，两条曲线均与典型产品生命周期曲线前三段相似，与后一段明显不同，由此说明这两种产品均未处于衰退期。

以上采用曲线判断法排除了上述产品处于衰退期的情况，但曲线对比难以准确断定这些石化产品究竟处于导入期、成长期还是成熟期，需要采用后续方法进一步做出研判。曲线判断法简洁、直观，但需要掌握大量长期数据做支撑。对于初涉石油化工行业或准备生产某个过去不太熟悉的石化产品的投资者，

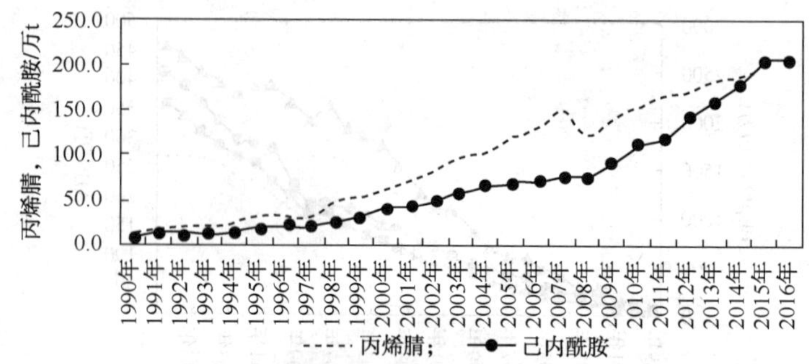

图 1-11　1990—2016 年中国丙烯腈和己内酰胺表观消费量曲线

宜委托专业咨询机构进行分析论证。

1.3　表观消费量年均增长率判断法

销售量增长率法可应用于不同行业、不同产品，是判断石化产品处于生命周期哪个阶段的主要方法之一。一般情况下，为企业制定销售策略而研究某个产品的生命周期时，采用销售量比较适宜；为投资决策而针对一个国家(或地区)的范围而研判该石化产品生命周期时，宜采用表观消费量。

表观消费量年均增长率的变化特点在产品生命周期的不同阶段有着明显的区别。在导入期，表观消费量年均增长率较低，但在不断提高；在成长期，表观消费量年均增长率迅速提高，到成长期后期增速最高；在成熟期，表观消费量年均增长率与峰值相比已有所下降，并有逐渐走低的趋势；在衰退期，表观消费量年均增长率出现负值，产品即将退出市场。各阶段划分的标准是：

(1) 表观消费量年均增长率<10%，产品处于导入期；

(2) 表观消费量年均增长率>10%，产品处于成长期；

(3) 0.1%<表观消费量年均增长率<10%，产品处于成熟期；

(4) 表观消费量年均增长率<0，产品处于衰退期。

下面采用该判断方法，分别对世界和中国典型的、有代表性的石化产品进行分析，研究对象与前述曲线判断法选取的石化产品相对应，在前述方法进行了初步判断(包括排除了不可能情况)后，进一步做出量化的明确判断。

1.3.1 世界石化产品

(1) 有机原料

对应前文，首先选取乙烯、丙烯进行分析。将1998—2015年期间世界这两种产品各自每年的表观消费量与上年相比的增长率全部计算出来，并把这些变化情况在图1-12中分别绘出。

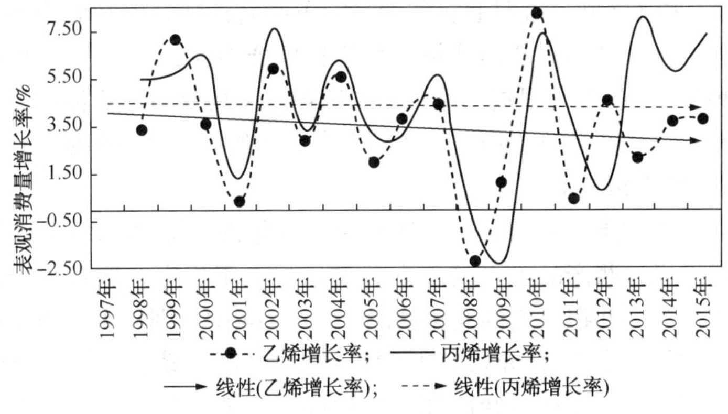

图1-12 1998—2015年世界乙烯、丙烯表观消费量与上年相比增长率变化情况

由图1-12可以看出，1998—2015年间乙烯的表观消费量与上年相比的增长率基本在-2%~8%之间波动，并且趋势线向下倾斜，计算得知此期间的表观消费量年均增长率为3.38%。根据产品生命周期各阶段划分的一般标准，可以判断世界乙烯产品目前处于产品生命周期的第三阶段即成熟期。

从图1-12可以看出，1998—2015年间丙烯的表观消费量与上年相比的增长率大部分处于-2%~8%之间，趋势线走向基本水平，计算得知此期间的表观消费量年均增长率为4.34%。根据产品生命周期各阶段划分的一般标准，可以判断世界丙烯产品目前不处在成长期，但因表观消费量年均增长率变化趋势不明显，抛开对丙烯发展态势的专业知识，仅从表观消费量年均增长率的判断标准而言，难以准确判断其究竟处于导入期还是成熟期，需采用本节后续方法进一步研判。

下面对苯、苯乙烯、苯酚、丙酮进行分析。将 1998—2015 年期间世界这些石化产品各自的表观消费量与上年相比的增长率全部计算出来，并把它们的变化情况在图 1-13(a) 和图 1-13(b)(为了显示清晰，画在两张图中) 中分别绘出。由图中看出它们分别处于-6%~7%之间、-7%~8%之间、-5%~9%之间、-9%~12%之间，并且趋势线全部向下倾斜，计算得知此期间这四种石化产品的表观消费量年均增长率分别为 2.52%、2.50%、3.39%、3.25%。根据产品生命周期各阶段划分的一般标准，可以判断这些产品目前均处于产品生命周期的第三阶段即成熟期。

(2) 合成树脂

合成树脂选取聚乙烯、聚丙烯进行分析。将 1996—2015 年期间世界这些产品各自的表观消费量与上年相比的增长率全部计算出来，并把它们的变化情况在图 1-14 中分别绘出。由图中看出它们基本在 0~8%之间、2%~12%之间波动，并且趋势线均向下倾斜，计算得知此期间它们的表观消费量年均增长率分别为 4.19%和 5.96%。根据产品生命周期各阶段划分的一般标准，可以判断这两种产品目前均处于产品生命周期的第三阶段即成熟期。

(3) 合成橡胶

合成橡胶选取丁苯橡胶进行分析。将 1998—2015 年期间世界该石化产品的表观消费量与上年相比的增长率全部计算出来，并把它们的变化情况在图 1-15 中绘出。由图中看出它们在-8%~8%之间变化，并且趋势线向下倾斜，计算得知此期间丁苯橡胶的表观消费量年均增长率为 1.56%。根据产品生命周期各阶段划分的一般标准，可以判断该产品目前处于成熟期。

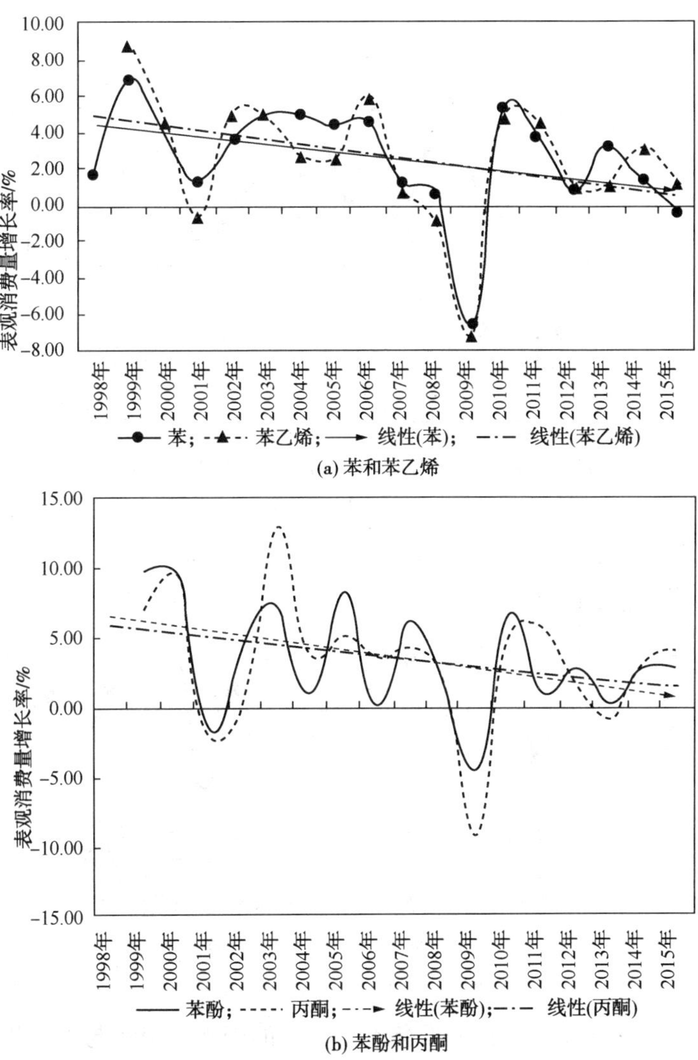

图 1-13　1998—2015 年世界苯和苯乙烯及苯酚和丙酮表观消费量与上年相比增长率变化情况

（4）合成纤维单体

合成纤维单体选取丙烯腈、己内酰胺进行分析。将 1998—

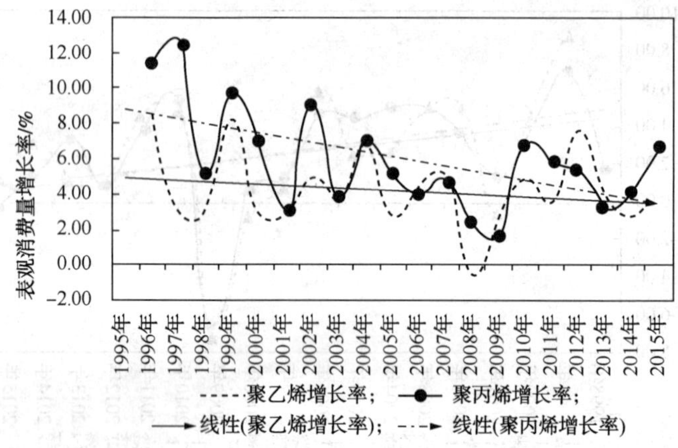

图 1-14　1996—2015 年世界聚乙烯和聚丙烯表观消费量与上年相比增长率变化情况

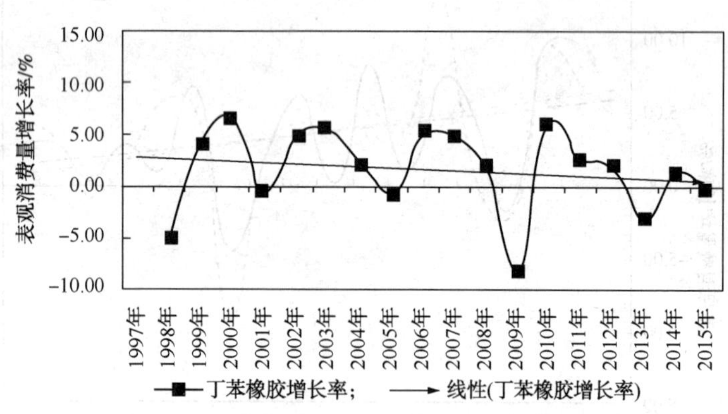

图 1-15　1998—2015 年世界丁苯橡胶表观消费量与上年相比增长率变化情况

2015 年期间世界这两种石化产品各自的表观消费量与上年相比的增长率全部计算出来，并把它们的变化情况在图 1-16 中分别绘出。

从图 1-16 看出，1998—2015 年间丙烯腈和己内酰胺表观消费量与上年相比的增长率分别在 -9%～9% 之间、-9%～10% 之间波动，趋势线均呈现基本水平走向，计算得知此期间二者的表观消费量年均增长率分别为 1.09%、2.43%。根据产品生命周期各阶段划分的一般标准，可以判断这两种产品目前不处在成长期；但因表观消费量年均增长率变化趋势不明显，抛开对它们发展状况的专业认知，仅从表观消费量增长率的判断标准而言，难以准确判断其究竟处于导入期还是成熟期，需要采用本节后续方法作进一步研判。

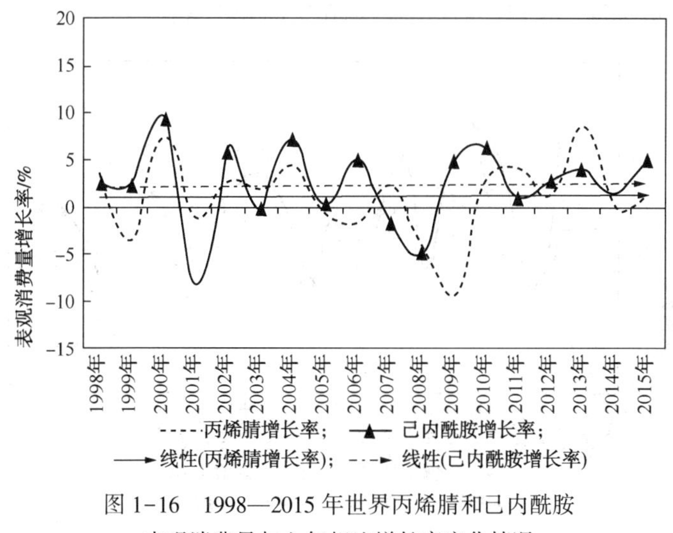

图 1-16　1998—2015 年世界丙烯腈和己内酰胺表观消费量与上年相比增长率变化情况

1.3.2　中国石化产品

(1) 有机原料

对应前文所述，首先选取乙烯、丙烯进行分析。将 1991—2016 年期间中国这两种石化产品各自的表观消费量与上年相比的增长率全部计算出来，并把它们的变化情况在图 1-17 中分别绘出。

从图 1-17 可以看出，1991—2016 年期间中国乙烯表观消费量与上年相比的增长率大部分时间在 0~20%之间变动，趋势线略微向下倾斜。计算得知此期间的表观消费量年均增长率为

10.73%，已经接近成长期与成熟期的临界值10%。由此可以判断中国乙烯产品有从成长期迈入成熟期的迹象，或者说目前处于成长期与成熟期的过渡阶段。

从图1-17还可以看出，1991—2016年期间中国丙烯表观消费量与上年相比的增长率在5%~25%之间变动，计算得知其表观消费量年均增长率为13.83%。根据产品生命周期各阶段划分的一般标准，可以判断目前丙烯在中国处于成长期。

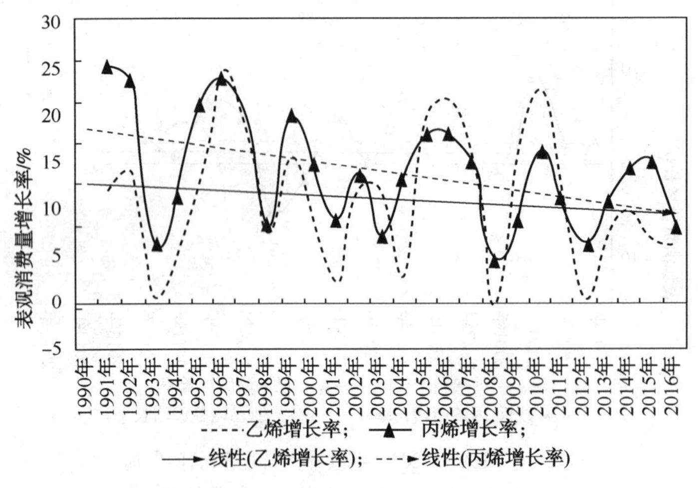

图1-17　1991—2016年中国乙烯和丙烯表观消费量与上年相比增长率变化情况

下面对苯、对二甲苯、正丁醇、辛醇进行分析。将1991—2016年期间中国这些石化产品各自的表观消费量与上年相比的增长率全部计算出来，并把它们的变化情况在图1-18(a)和图1-18(b)中分别绘出。

从图1-18(a)看到，大部分时间苯和对二甲苯表观消费量与上年相比的增长率分别在-10%~30%、-5%~40%之间变动，经计算它们此期间的表观消费量年均增长率分别为12.26%、16.31%。根据产品生命周期各阶段划分的一般标准，可以判断这两种产品目前在中国均处于成长期。

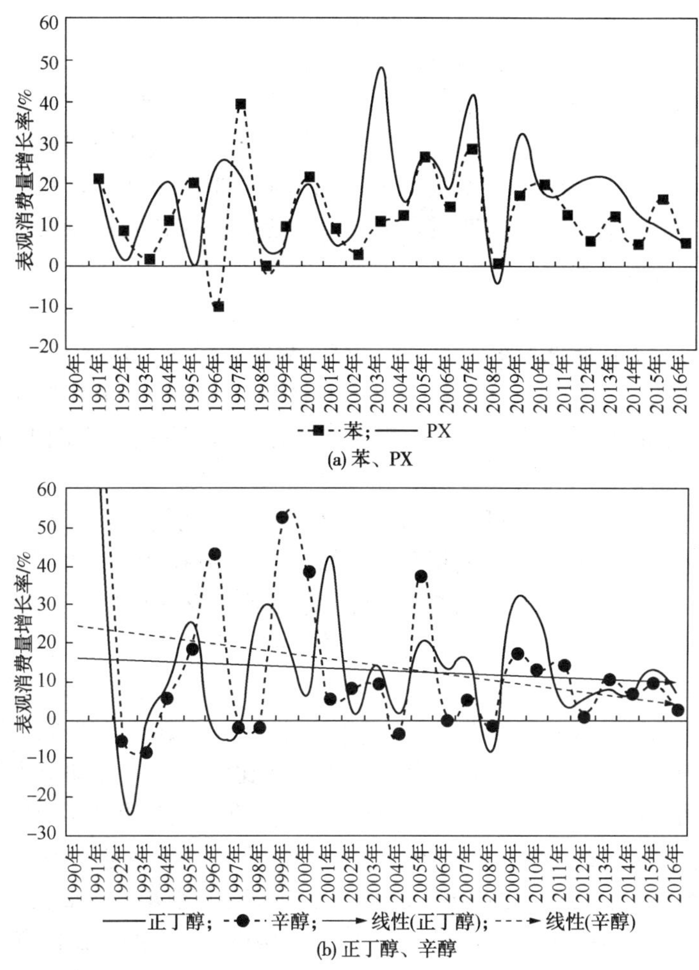

(a) 苯、PX

(b) 正丁醇、辛醇

图 1-18　1991—2016 年中国苯、PX、正丁醇和辛醇表观消费量与上年相比增长率变化情况

从图 1-18(b)可以看出，除个别年份外此期间中国正丁醇表观消费量与上年相比的增长率在-10%～40%之间变动，趋势线向下倾斜。经计算此期间其表观消费量年均增长率为 9.93%，低于 10%。由此可以判断中国正丁醇产品开始从成长期迈入成

熟期，或者说目前处于成长期与成熟期的过渡阶段。

从图 1-18(b)可以看出，除个别年份外，此期间中国辛醇表观消费量与上年相比的增长率基本在-10%~50%之间变动，趋势线向下倾斜。计算得知此期间其表观消费量年均增长率为10.38%，已经接近成长期与成熟期的临界值。由此可以判断中国辛醇产品有从成长期迈入成熟期的迹象，或者说目前处于成长期与成熟期的过渡阶段。

(2) 合成树脂

合成树脂选取聚乙烯、聚丙烯、聚氯乙烯和 ABS 进行分析。将 1993—2016 年期间中国这些石化产品各自的表观消费量与上年相比的增长率全部计算出来，并把它们的变化情况在图 1-19 (a)和图 1-19 (b)中分别绘出。

从图 1-19(a)可以看出，1993—2016 年期间中国聚乙烯表观消费量与上年相比的增长率大部分在-10%~25%之间变动，趋势线向下倾斜。经计算此期间其表观消费量年均增长率为9.97%，略低于 10%。由此可以判断中国聚乙烯产品开始从成长期迈入成熟期，或者说目前处于成长期与成熟期的过渡阶段。

从图 1-19(a)和图 1-19 (b)看到，1993—2016 年期间中国聚丙烯、聚氯乙烯表观消费量与上年相比增长率的变动范围分别为 0~25%、-10%~25%，经计算它们的表观消费量年均增长率分别为 12.30%、11.47%。根据产品生命周期各阶段划分的一般标准，可以判断在中国这两种石化产品目前均处于成长期。

从图 1-19 (b)可以看出，除个别年份外，1993—2016 年期间中国 ABS 年表观消费量与上年相比的增长率基本在-8%~30%之间变动，趋势线向下倾斜。计算得知此期间的表观消费量年均增长率为 10.15%，已经接近成长期与成熟期的临界值。由此可以判断中国 ABS 产品有从成长期迈入成熟期的迹象，或者说目前处于成长期与成熟期的过渡阶段。

(3) 合成橡胶

合成橡胶选取丁苯橡胶进行分析。将 1991—2016 年期间中

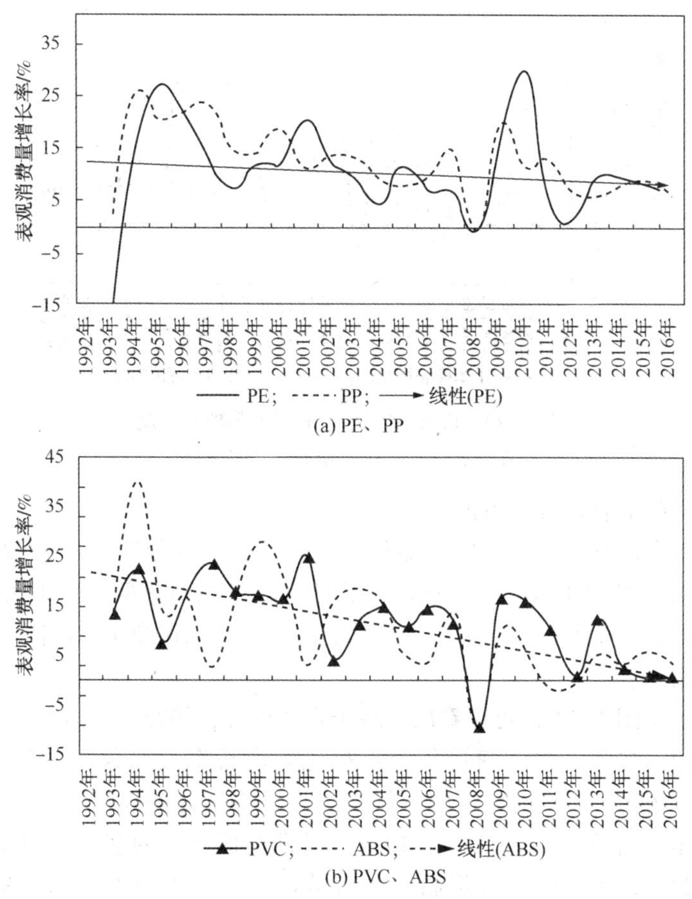

图 1-19 1993—2016 年中国 PE、PP、PVC 和 ABS 表观消费量与上年相比增长率变化情况

国丁苯橡胶表观消费量与上年相比的增长率全部计算出来，并把其变化情况在图 1-20 中绘出，可以看出它们基本在-10%~30%之间变动，趋势线向下倾斜，经计算此期间其表观消费量年均增长率为 8.33%。由此可以判断中国丁苯橡胶产品已经进入成熟期。

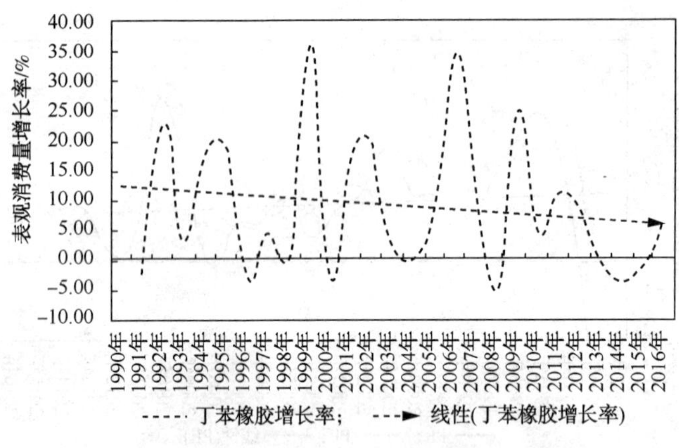

图 1-20　1991—2016 年中国丁苯橡胶表观消费量与上年相比增长率变化情况

（4）合成纤维单体

合成纤维单体选取丙烯腈、己内酰胺进行分析。将 1992—2016 年期间中国这两种石化产品各自的表观消费量与上年相比的增长率全部计算出来，并把它们的变化情况在图 1-21 中分别绘出。

从图 1-21 还可以看出，除个别年份外，1992—2016 年期间中国丙烯腈表观消费量与上年相比的增长率大部分在-10%～30%之间变动，趋势线向下倾斜。计算得知此期间其表观消费量年均增长率为 10.79%，接近成长期与成熟期的临界值 10%。由此可以判断中国丙烯腈产品有从成长期迈入成熟期的迹象，或者说目前处于成长期与成熟期的过渡阶段。

从图 1-21 还可以看出，1992—2016 年期间中国己内酰胺表观消费量与上年相比的增长率在-10%～35%之间变动，计算得知其表观消费量年均增长率为 11.63%。根据产品生命周期各阶段划分的一般标准，可以判断目前己内酰胺在中国处于成长期。

由以上研判过程可知，表观消费量年均增长率法不必进行太复杂的数学计算，但需要以准确的数据为基础。鉴于某一时

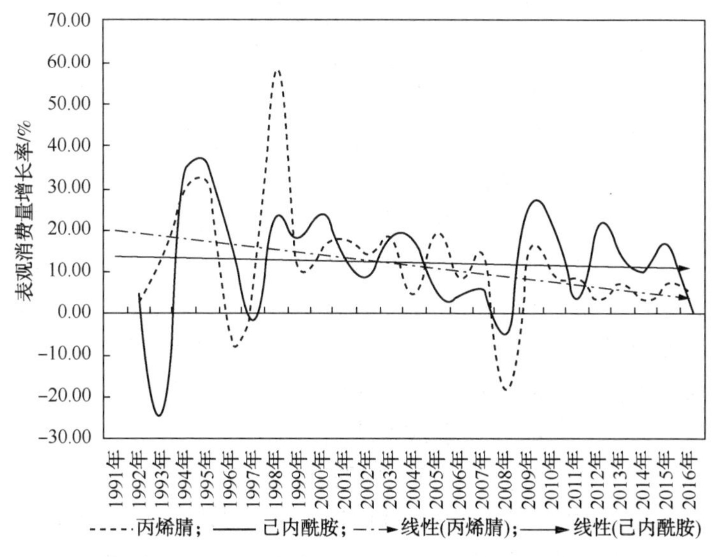

图 1-21　1992—2016 年中国丙烯腈和己内酰胺表观消费量与上年相比增长率变化情况

点的消费量易受外界偶然因素的影响，往往不能准确反映真实情况，故应采用一段时间的历史数据作为判断依据。时间范围的选取会对计算结果产生影响，时间短容易受到偶然因素的干扰，所以在测算某种石化产品的表观消费量年均增长率时以采用较长时间段(如至少 15 年)的数据为宜。条件具备的情况下尽可能将时间范围选择得长一些，以期产品生命周期研判的结果更为准确可信。

1.4　其他判断方法

1.4.1　经验判断法

经验判断法属于定性分析和定量分析相结合的方法，是专业人员根据工作经验及其对市场形势发展态势的认知来判断产品生命周期的一种方法。其一般适用于下述三种情况：一是缺乏历史资料、无法定量分析的情况；二是采用其他方法(如前文介绍的曲线法、表观消费量年均增长率法等)研究后结论不够明确的情况；三是使用其他方法研判后取得初步结果、但依然存在疑虑尚需进一步确定的情况。

以下采用经验判断法对前文其他方法没有得出明确结论的世界丙烯、丙烯腈、己内酰胺产品做进一步研判。笔者与国内外石化行业多位从事市场分析、技术开发、工程设计、装置生产、原料供应、产品销售、投资决策等方面的资深专家，采用面对面讨论、电话沟通、电子邮件以及会议研讨等方式进行了交流和讨论，大部分专家认为从当前世界情况分析，这些石化产品均处于其生命周期中的成熟期。

经验判断法简便易行，可以低成本实现集思广益，能够在缺乏足够资料或有些因素无法量化的情况下做出判断；也可以在曲线法、表观消费量年均增长率法等定性和定量判断方法难以得出明确结论或对结论存有疑虑的情况下，依靠专家的经验做出最终判断。但经验判断法定量分析不够精确；容易受个人知识结构、实践经验等因素的制约；同时分析人员也需要对众多专家的意见进行归纳与甄选，该方法的主观因素对研判结果有一定影响。

在运用经验判断法时需做到：合理组织研判过程，请该领域多方面专家参与研究；加强调研，掌握影响产品生命周期各种因素的变化情况；尽可能使定性分析数量化，将定性分析与定量分析有机地结合起来进行综合判断，以期提高研判精度。

1.4.2 类比判断法

类比判断法是指参照某石化产品的生命周期曲线研判另一类似石化产品生命周期所处阶段的方法。它依据产品在性能、结构、原材料、用途等方面的相似性，推测产品生命周期所处阶段的某些相似性。类比结果存在非必然性，需要注意类比对象之间的差异性，并加以修正，提高研判结果的准确性。

类比法更适用于对新产品的研判；在数据资料有限的情况下应用类比法，亦具有一定的参考价值。如果已经充分掌握了某种石化产品的市场历史数据，则此法只能作为其他方法的一种定性补充方法。

1.5 产品生命周期的地域性

通过前文的研判实例，可以发现石化产品的生命周期具有地域性特征。同一种石化产品在不同地区可能表现出生命周期中相同阶段的特点，也可能表现出不同阶段的特点。譬如目前世界丁苯橡胶产品处于成熟期，在中国也处于成熟期；世界丙烯、苯、聚丙烯、己内酰胺均处于成熟期，而这些产品在中国目前仍处于成长期。一般来说，在同一时段某种石化产品在发达地区或发达国家可能已经进入成熟期，在欠发达地区或发展中国家可能还处于成长期，在落后地区可能处于导入期而有待开发，但也不尽然。有些石化产品的生产工艺曾经在发达地区广泛使用，后因新工艺的发展替代了原来的工艺或因考虑到原料来源，发展中地区新建装置时会采用新工艺而非老工艺，前述的一般规律则不适用，譬如美国和欧洲(荷兰、意大利和德国)有不少己内酰胺装置是建设于20世纪60~70年代，目前尚在运转，其工艺是以苯酚为原料经二步法(即苯酚经加氢生产环己醇，环己醇脱氢生产环己酮)或直接催化加氢制环己酮，进一步生产己内酰胺，发展中国家后来新建的己内酰胺装置多采用以苯为原料的环己烷法生产己内酰胺。因此，在投资决策时需关注石化产品生命周期的地域性，对目标市场进行研究，以期规避决策失误。

第 2 章　世界市场分析和预测

世界经济一体化进程不断加快，随着改革开放的深入及互联网的迅猛发展，中国已经融入世界大市场之中。西方发达国家石化工业发展较早，其石化工业历史演变足迹对中国有重要借鉴意义。

本章并非具体研究某类或某个石化产品的国际市场，而是首先阐述中国两家最大的石油石化企业石化投资建设项目可行性研究报告对国际市场部分内容的要求，分析其差异点；然后选取某个石化产品，说明在国际市场供需现状和未来预测中需重点论述的内容。以正丁醇、辛醇为例，对世界的生产企业、供需现状、消费结构等内容进行分析，研究美国、西欧相关石化产品的历史数据，追踪其演变足迹，从中发现可供中国的石化投资者借鉴的规律；对未来正丁醇、辛醇国际市场供需状况和发展动态进行了预测，以期对中国投资者有所启示。同时，对世界石化产品市场数据来源予以总结与阐述。

2.1　世界市场分析所涉及的内容

参考业界广为人知、广泛使用的中国最大的两家石油石化企业即中国石油天然气集团公司(以下简称中国石油)和中国石油化工集团公司(以下简称中国石化)各自现行的对石油化工投资项目可行性研究报告编制要求，对市场部分内容进行说明并予以分析。

2.1.1　中国石油炼油化工建设项目可行性研究报告对世界市场的要求内容

中国石油现行的对炼油化工建设项目可行性研究报告市场分析与价格预测，内容包括：对项目主要产品的市场供需状况、价格走势以及竞争力进行分析预测；对于产品增量很少，对原有市场影响很小的项目，市场章节可适当简化。市场分析中要求注明数据来源。其中，世界供需现状及预测包括三部分内容：(1)世界市场供需现状；(2)世界市场供需预测；(3)世界市场供需平衡分析。

其中，世界市场供需现状中，要求概述项目产品世界供应总体状况，包括主要生产国或地区的生产能力、产量、消费量、消费分布、消费结构情况，以及主要生产企业的原料、技术和装置规模情况。

世界市场供需预测中，要求根据目前在建和拟建项目计划，预测今后 5 年和更长时间内该项目产品在世界各地区的生产能力、产量，以及消费总量和消费结构的变化趋势。

世界市场供需平衡分析中，要求根据上述世界市场供需现状和预测情况的分析，得出世界市场的供需平衡状况及发展空间、地区之间的供需差距及贸易流向，预测今后的供需变化趋势及发展前景。

2.1.2　中国石化石油化工项目可行性研究报告对世界市场的要求内容

中国石化现行的对石油化工项目可行性研究报告市场分析与预测内容包括：产品供需及价格的分析和预测、产品营销策略研究、主要原材料供应分析及价格预测、辅助材料和燃料的供应分析及价格预测四部分内容。其中，涉及产品的世界供需部分，要求概述世界供需平衡总体状况及未来趋势；说明项目产品供需平衡情况；进行项目产品供需预测；并列出国家/地区项目产品供需平衡情况表(有样表)、世界项目产品供需预测表

(有样表)。按标题分类包括两部分内容：(1)世界供应状况分析及预测；(2)世界需求状况分析及预测。

其中，世界供应状况分析及预测中，要求分析项目产品世界生产总体概况及分地区情况，阐述处于世界领先地位的国外生产企业概况、技术水平、新产品开发能力，以及生产能力、产量，列表说明项目产品世界前10位(或主要)生产企业概况(有样表)。列表说明项目产品国外拟建、在建和扩建项目的名称、生产能力、项目状况和预计开车时间。

世界需求状况分析及预测中，要求从项目产品世界需求总量、地区需求特点和贸易流向等方面说明项目产品世界需求情况，简述与项目产品相关的主要国际贸易商、船商等情况。

2.1.3 两家石油石化企业可研报告对世界市场部分要求的差异

从世界市场章节的布局而言，中国石油要求按照供需现状、供需预测及供需平衡的结构进行编写；而中国石化要求按照供应状况分析及预测、需求状况分析与预测的结构进行编写，二者所研究内容均是供应与需求，但中国石油是按照时间维度进行编排的，中国石化是按照先供应、后需求的模式进行编排的。

从具体所要求的内容而言，中国石油的编制规定没有明确的列表要求，而中国石化的编制规定关于世界市场列出了3张样表，这些表格所涉及的具体内容本章会以相关产品为例列出并予以阐述。

中国石油的编制要求中，世界市场供需现状和未来供需预测中包括了产品消费结构；而中国石化的编制规定中，未列出消费结构，但有地区需求特点的要求，作者理解此处的需求特点基本是指地区消费结构，但又不完全等同于消费结构，个人更倾向于消费结构的概念。

相关人员在编制可研报告或编制市场报告时，首先要判断潜在的建设项目或市场报告委托方是隶属于中国石油、中国石化还是其他单位(如中国海洋石油总公司、地方炼厂、地方企业等)，从而予以区别对待。从要求的研究范围、章节布局、具体内容等列出提纲予以撰写，从而满足要求，提高工作效率。

2.2 世界供需现状

本节分别以正丁醇或辛醇为例，具体说明世界石化产品供需现状概况中所涉及内容、数据来源以及数据中需重点分析的内容。

2.2.1 世界供需概况所涉及内容

世界市场供需现状中，主要涉及目标石化产品可获得数据的最近年份如上年或上上年的世界生产能力、产量、开工率、表观消费量；根据数据分析主要地区供应及消费总体特点等。

以正丁醇为例，以2010年为基础数据(即目前)选取时间点，2015年(未来5年)和2020年(未来10年)为未来预测时间点(除非有特别说明，以下同)。根据SRI(已合并到IHS Markit)的WP报告统计数据，2010年世界正丁醇生产能力为356.8万t/年,产量为294.4万t，开工率为82.5%，表观消费量为294.4万t。产能居前三位的地区是亚洲、北美和西欧，在世界总产能中所占比例分别为38%、31%、18%。最主要的消费地区是亚洲，约占世界总消费量的53%；其次是北美和西欧，分别占22%和19%。与2005年相比，生产和消费均逐渐向亚洲集中。2010年世界主要地区正丁醇供需平衡见表2-1，2010年世界正丁醇、辛醇市场供需情况见图2-1。

表2-1所列条目即地区的划分是SRI多年一直采用的划分方法，中国石化可研报告世界市场部分也是这样要求的。由此可以看出，SRI研究报告是中国大陆从事石化产品市场分析人员研究世界石化产品市场时的最重要参考资料。

表 2-1　2010 年世界主要地区正丁醇供需平衡表

地区	生产能力/(万 t/年)	产量/万 t	进口量/万 t	出口量/万 t	表观消费量/万 t
非洲	18.3	19.9	0.0	15.5	4.4
亚洲	136.5	113.6	78.0	36.9	154.6
中东欧	21.6	21.3	1.3	15.2	7.4
中东	0.5	0.5	0.3	0.0	0.9
北美	110.9	83.1	2.9	21.7	64.3
大洋洲	0.0	0.0	0.3	0.0	0.3
中南美	4.0	3.0	4.9	1.6	6.3
西欧	65.0	53.0	30.6	27.4	56.2
世界	356.8	294.4	118.3	118.3	294.4

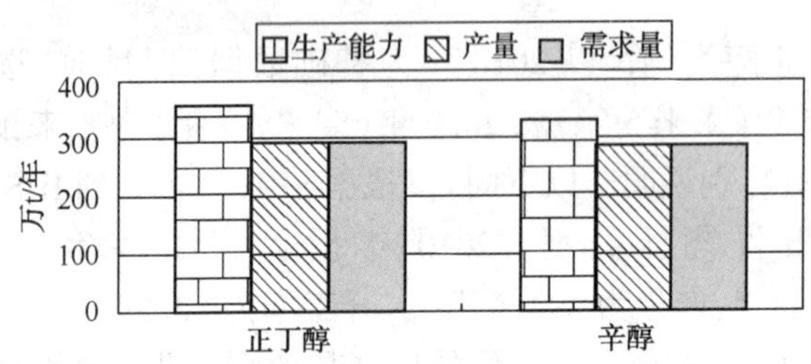

图 2-1　2010 年世界正丁醇、辛醇市场供需情况

而目前 IHS 的报告，世界数据的条目有所调整。以正丁醇为例，2015 年世界主要地区正丁醇供需情况见表 2-2(实际值而非预测值)。从表 2-1 和表 2-2 的比较可以看出，世界供需状况的地区分类做了调整，新的地区分类中，非洲、中东欧、中东、北美、西欧五个区域保持不变，亚洲分为东北亚、东南亚及印巴三个区域，原中南美调整为南美，大洋洲不再列出。

表 2-2　2015 年世界主要地区正丁醇供需状况

地区	生产能力/(万 t/年)	产量/万 t	进口量/万 t	出口量/万 t	表观消费量/万 t
非洲	16.8	13.9	0.7	13.5	1.1
中东欧	27.6	16.3	4.0	11.5	8.8
印巴	2.9	2.1	8.0	0.3	9.8
中东	0.5	0.4	9.5	0.0	9.9
北美	113.8	100.0	3.1	19.3	83.8
东北亚	305.0	186.2	34.2	21.5	198.9
南美	5.0	3.5	3.9	0.1	7.3
东南亚	34.3	32.1	9.8	14.8	27.1
西欧	82.0	65.2	13.3	5.5	73.0
世界合计	587.9	419.7	86.5	86.5	419.7

以正丁醇为例，根据 IHS（即原 SRI）统计数据，2015 年世界正丁醇生产能力为 587.9 万 t/年，产量为 419.7 万 t，开工率为 71.4%，表观消费量为 419.7 万 t。这样的数据只是最基本的现状概况，这些内容是必需的。

2.2.2　世界供需现状中需进一步分析的内容及要点

(1) 最大生产国家的供需情况

在阐述了世界供需总体概况后，要重点分析该产品最大的生产国家(或地区)的供需概况，包括生产能力、产量、开工率、表观消费量、进出口情况等。一般这样的国家(或地区)多为净出口地，要说明主要出口到哪些国家和地区。仍然以 2010 年正丁醇数据为例，美国是世界最大的正丁醇生产国，2010 年正丁醇生产能力为 110.9 万 t/年，产量 83.1 万 t，开工率 74.8%，表观消费量 62.3 万 t。美国是正丁醇净出口地区，自 1994 年每年正丁醇净出口量保持在 10 万~20 万 t 左右，主要出口到欧洲及亚洲地区。由于美国正丁醇供大于求，各生产企业要维持高开工率则须保持一定的出口量。

分析最大的生产国，研究其生产和消费情况，可以给投资者提供决策参考依据。投资者也可考虑赴该国家进行实地考察，从而作为在中国投资建设该项目的决策参考依据。

(2) 世界主要消费地区

正丁醇的消费主要集中在亚洲地区，2010 年达到 154.6 万 t，约占世界消费总量的 52.5%。北美和西欧的正丁醇消费量分别占世界总消费量的 21.8%和 19.1%。

亚洲地区正丁醇供需缺口较大，2010 年亚洲地区正丁醇净进口量为 41.1 万 t；西欧地区内贸易量较大。

北美、非洲及中东欧是世界最主要的正丁醇出口地区，2010 年净出口量分别为 18.8 万 t、15.5 万 t 及 13.9 万 t。其中，非洲地区正丁醇生产装置集中在南非，由于下游欠发达，产品主要用于出口，近年每年净出口量基本保持在 14 万 t 左右。

分析世界的主要消费区域旨在提供给投资决策者该石化产品的世界格局和消费趋势。如果某地区呈现供大于求的态势，该区域新的投资者进入该领域则会面临非常大的压力。

2.3 主要生产企业

如果条件许可，尽可能获得数据采集年份世界主要生产企业的装置明细表。数据采集年份是指以编制市场分析报告年份的上年年末或上上年年末的市场数据作为统计口径，譬如 2018 年编写聚丙烯市场分析报告，数据采集年份为 2017 年年末或 2016 年年末的生产能力、全年表观消费量等市场统计数据。

以丁辛醇装置为例，2011 年世界共有 17 个(未含中国大陆)

国家(地区)37 套丁辛醇生产装置，世界主要国家和地区的正丁醇和辛醇生产能力见表 2-3。列出这些详细的装置清单，可以分析现有在运装置的规模、分布、产品方案等情况。中国石油和中国石化的可研报告世界市场中均未要求列出相关产品的世界生产企业/装置，作者的经验是如果有条件、有数据尽可能列出该表，尤其是专门的市场分析报告，这些生产装置对投资决策是有借鉴意义的。

表 2-3　2011 年世界(未含中国大陆)丁辛醇装置主要生产企业

万 t/年

国家(地区)	企业名称	厂址	正丁醇	异丁醇	辛醇
美国	BASF	Freeport	24. 0	1. 1	16. 0
	OXEA Corporation	Bay City	15. 0	1. 5	0. 0
	Dow	Texas city, Texas	25. 4	3. 3	5. 4
		Taft, Louisiana	13. 6	0. 9	0. 0
		Taft, Louisiana	13. 6	0. 0	0. 0
	Eastman	Longview	18. 7	1. 4	19. 5
	Sasol	Lake Charles	0. 6	0. 0	0. 0
		美国小计	110. 9	8. 2	40. 9
巴西	Elekeiroz	Camacari, Bahia	4. 0	2. 4	8. 4
法国	Oxochimie SA	Lavera	16. 0	2. 4	13. 0
德国	BASF	Ludwigshafen	26. 0	3. 0	0. 0
	OXEA Corporation	Oberhausen	13. 0	3. 0	30. 0
		德国小计	39. 0	6. 0	30. 0
瑞典	Perstorp OXO	Stenungsund	10. 0	1. 0	12. 5
波兰	Zaklady	Kedzierzyn-Kozle	2. 0	2. 0	17. 0
罗马尼拉	Oltchim S. A.	Rimnicu Valcea	0. 0	0. 5	4. 7

续表

国家（地区）	企业名称	厂址	正丁醇	异丁醇	辛醇
俄罗斯	Angarsk Petrochemical	Angarsk	3. 3	3. 3	0. 0
	Sibur Khimprom	Perm	2. 3	2. 3	11. 5
	Salavatnefteorgsintez	Salavat	14. 0	4. 2	3. 0
		俄罗斯小计	19. 6	9. 8	14. 5
伊朗	Arak Petrochemical	Arak，Markazi	0. 5	0. 6	4. 5
	Al-Jubail Fertilizer	Al Jubail	0. 0	0. 0	17. 0
		伊朗小计	0. 5	0. 6	21. 5
日本	Chisso	Chiba	2. 5	0. 2	7. 5
	Kyowa Hakko Chemical	Chiba	15. 0	2. 5	12. 0
	Mie	13. 0	0. 0	0. 0	
	Mitsubishi	Okayama	9. 8	2. 5	14. 6
		日本小计	40. 3	5. 2	34. 1
印度	Andhra Petrochemical	Ahdhra Pradesh	2. 6	0. 3	5. 5
印尼	Petro Oxo Nusantara PT	East Java	2. 0	1. 5	10. 0
韩国	Hanwha	Chollanam-do	1. 0	1. 0	10. 0
	LG	Naju，Chollanam-do	6. 5	1. 5	13. 5
		Yeochon，Chollanam-do	0. 0	0. 0	13. 0
		韩国小计	7. 5	2. 5	36. 5
马来西亚	BASF	Gebeng，Pahang	13. 5	2. 5	8. 0
	Optimal Chemicals	Kerteh，Terengganu	13. 6	0. 0	0. 0
		马来西亚小计	27. 1	2. 5	8. 0
新加坡	Eastman	Pulau Sakra	6. 0	0. 0	6. 0
中国台湾	Formosa Plastics	Mailiao	25. 0	0. 0	0. 0
	Dairen Chemical	Ta Fa	0. 0	2. 2	0. 0
	Nan Ya Plastics Co	Mailiao	0. 0	1. 8	20. 0
		中国台湾小计	25. 0	4. 0	20. 0

续表

国家（地区）	企业名称	厂址	正丁醇	异丁醇	辛醇
南非	Sasol Chemical	Sasolburg，Orange Free State	1.4	0.0	0.0
	Sasol Synfuels	Secunda，Transvvaal	15.0	1.5	0.0
		Secunda，Transvvaal	1.8	0.0	0.0
		南非小计	18.2	1.5	0.0
世界（含中国大陆）合计			356.8	50.4	364.0

美国是世界最大的正丁醇生产国，生产能力为 110.9 万 t/年，装置分布在 5 家公司共 7 套生产装置。

据 SRI 统计，2011 年世界最大的正丁醇生产公司是 BASF，生产能力为 64.9 万 t/年。前 10 位生产企业生产能力合计为 277.5 万 t/年（详见表 2-4）。中国石化明确要求可研报告中要列表说明项目产品世界前 10 位（或主要）生产企业概况并给出了样表，表 2-4 与该样表要求是吻合的。

全球最大的 5 家正丁醇生产企业有 3 家位于美国，1 家位于德国，1 家位于中国台湾地区。世界最大的正丁醇生产装置是 Dow 位于美国 Taft 的装置，正丁醇生产能力为 27.2 万 t/年，该装置不生产辛醇。另外 4 家正丁醇生产厂商的生产能力为 24 万~26 万 t/年。这 5 家生产企业占世界正丁醇生产能力的 32.8%。

对应地，表 2-5 是 2010 年世界前 10 位辛醇生产企业一览表。正丁醇与辛醇的主要生产企业是有差别的，说明这些企业在产品方案的设计方面对正丁醇或辛醇的权重不同。

2011 年世界最大的辛醇生产企业是中国石化，生产能力为 36 万 t/年。世界前 10 位辛醇生产企业生产能力合计为 220.2 万 t/年，详见表 2-5。

由于 1998—2001 年世界 C_4~C_{13}醇（含正丁醇和辛醇）新增能力较多，一度全球供大于求，但地区供应并非完全平衡。自 2008 年开始，以中国为代表国家掀起了丁辛醇装置投资热潮。

世界丁辛醇生产较为集中，正丁醇比辛醇的集中程度更明显。正丁醇前10位生产企业生产能力之和占世界总生产能力的77.9%，辛醇前10位生产企业生产能力之和占世界总生产能力的66.1%。2008年时这一比例分别为77.5%和64.4%，与之相比虽变化不大，但也呈现出更加集中的趋势。

追踪和研究西方发达国家尤其美国和西欧主要国家丁辛醇的发展历程，发现历史上西欧辛醇生产能力曾位居世界第二且单线装置规模较大，其辛醇生产能力于2001年达历史峰值为103万t/年，一些大公司尤其德国生产企业依靠出口维持较高的开工率，随着亚洲辛醇自给率的提高，欧洲辛醇装置开工率逐年降低，生产能力随之减少，如2001年产量为66.8万t，开工率仅67%，大大低于当时的世界平均水平。

西欧属辛醇净出口地区。1993—2000年期间西欧每年辛醇净出口量均高于10万t(除1999年为9.6万t)，最高为24.2万t(1997年)。西欧辛醇大部分出口到远东地区，主要包括中国台湾、中国大陆和韩国。一些大的生产企业如Celanese和Oxeno主要依赖出口维持较高的开工率。自2002年左右由于亚洲地区辛醇自给能力的增强，西欧尤其是德国向远东出口辛醇的数量进一步减少，其产能也随之降低。德国2002年辛醇生产能力为74万t/年，共3套装置生产能力分别为20万t/年、24万t/年和30万t/年；2003年24万t/年装置关闭；2005—2006年20万t/年装置关闭，而原属于Celanese的30万t/年装置则转到欧洲羰基化学品公司。国内石化投资者应从德国辛醇工业的发展历程得到一些启示。

以上的内容与观点是研究历年数据，综合分析而得到的结论，作者以前发表论文中也曾谈及该观点。对读者而言，如果不是研究丁辛醇市场，这些具体的分析结果不是关键，之所以列出上述实例分析，旨在强调数据分析的重要性。SRI的WP(目前IHS称为WA)报告、CEH报告中，有详细的生产能力历史数据，作为市场分析人员，按照可研报告编制规定，对世界供需现状进行说明是必须的，但不能仅罗列数据，更重要的是要从纵向即多年历史数据、从横向即世界分布数据中进行数据挖掘与分析，总结出变化的规律与特点，从而给出投资建议。

表 2-4　2010 年世界主要正丁醇生产企业产能　万 t/年

排序	公司名称	生产能力
1	BASF	64. 9
2	Dow Chemical	52. 6
3	Oxea Group	28. 0
4	台塑集团	25. 0
5	Eastman Chemical Company	24. 7
6	中国石油	19. 5
7	Petronas	19. 0
8	Sasol Limited	18. 8
9	协和发酵	13. 0
10	中国石化	12. 0
	以上小计	277. 5
	世界合计	356. 8

表 2-5　2010 年世界主要辛醇生产企业产能　万 t/年

排序	公司名称	生产能力
1	中国石化	36. 0
2	Oxea Group	30. 0
3	LG Group	26. 5
4	BASF	26. 3
5	Eastman Chemical Company	25. 2
6	台塑集团	19. 0
7	Kedzierzyn Nitrogen Works	17. 0
8	三菱化学	14. 6
9	Gazprom	13. 1
10	Perstorp	12. 5
	以上小计	220. 2
	其他	112. 8
	世界合计	333. 0

2.4 消费结构

消费结构是指某石化产品在一定区域内某个时间段各个下游消费领域消耗该产品重量数量的百分比，时间段一般选取的是某一年。

仍然以正丁醇为例，其主要消费于丙烯酸酯、乙二醇醚、醋酸丁酯和溶剂。根据多年追踪及与国外公司的技术交流，2010 年世界正丁醇的下游消费市场主要集中于涂料和油漆领域，如丙烯酸丁酯和醋酸丁酯，2010 年二者占总消费量的 56%，溶剂占消费总量的 16%，乙二醇醚占消费总量的 10%。图 2-2 为 2010 年世界正丁醇消费结构。

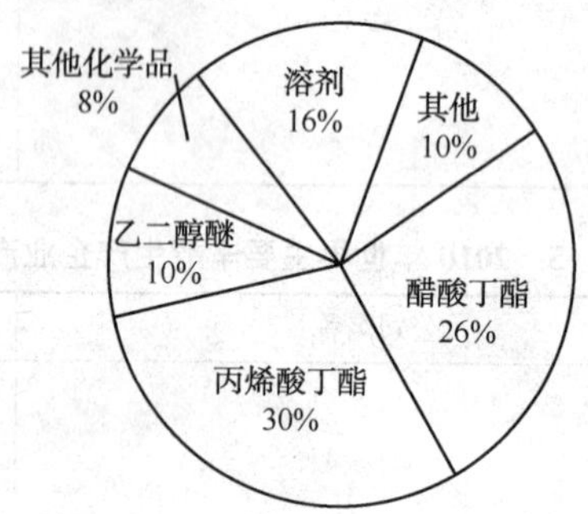

图 2-2　2010 年世界正丁醇消费结构

不同地区消费结构有较大差别。图 2-3～图 2-6 分别是 2010 年美国、西欧、日本以及其他亚洲地区的消费结构。经分析可知，美国等发达地区约 40% 的正丁醇消费于丙烯酸丁酯，尤其美国有 44% 的正丁醇消费于丙烯酸丁酯；其次为乙二醇醚和乙酸(正)丁酯。不同国家/地区正丁醇消费结构的差异与该区域的下游工业有密切关系。

再以辛醇为例，全球辛醇主要消费于增塑剂如邻苯二甲酸二辛酯(DOP)、(甲基)丙烯酸酯以及其他领域包括润滑油添加剂、柴油添加剂、表面活性剂、溶剂以及矿业应用等。

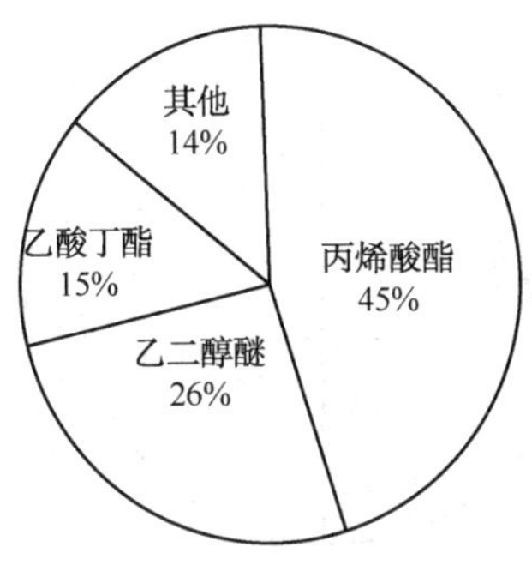

图 2-3 2010 年美国正丁醇消费结构

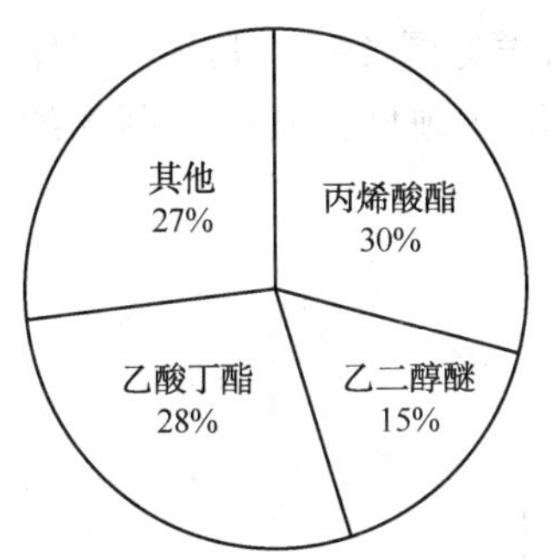

图 2-4 2010 年西欧正丁醇消费结构

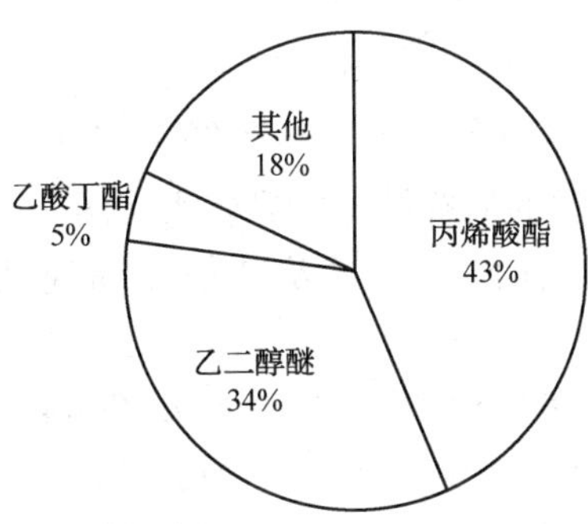

图 2-5 2010 年日本正丁醇消费结构

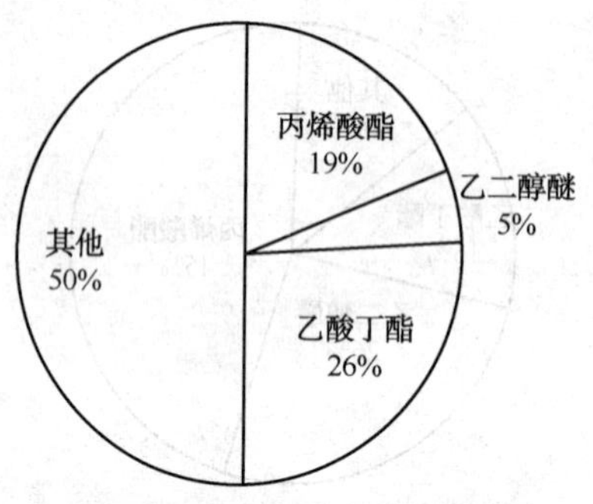

图 2-6 2010 年其他亚洲正丁醇消费结构

根据多年追踪及与国外公司技术交流获得的信息，2010 年世界辛醇消费结构详见图 2-7。其中，增塑剂约占消费总量的 77%，是最主要的消费领域；其次为丙烯酸辛酯，占消费总量的 16%。

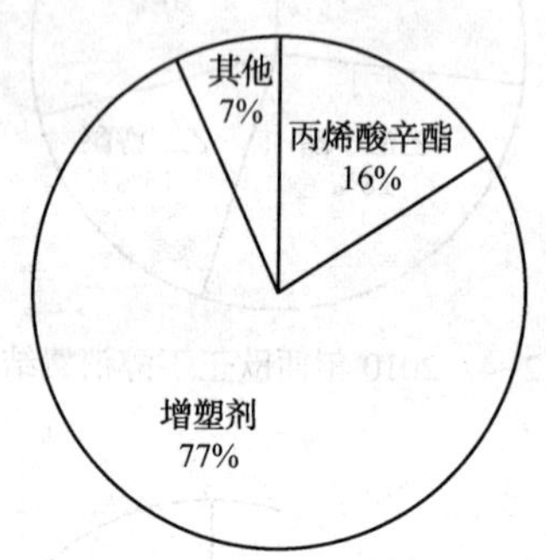

图 2-7 2010 年世界辛醇消费结构

不同地区辛醇的消费结构差异较大。图 2-8～图 2-11 分别是 2010 年美国、西欧、日本及其他亚洲地区的辛醇消费结构图。

可以看出，美国辛醇消费于增塑剂 44%，其中 DOP 为 24%，远低于其他地区该领域的消费；而消费于其他增塑剂为 20%，远高于其他地区的 6%，这些增塑剂包括 TOTM（偏苯三酸三辛酯）、DOA（己二酸二辛酯）、DOTP（对苯二酸二辛酯）等；

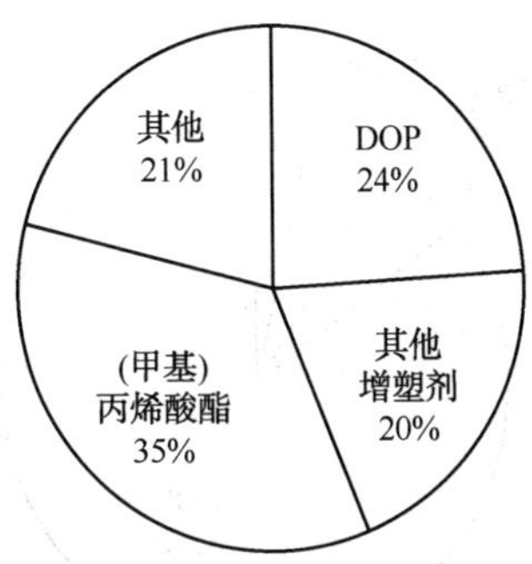

图 2-8　2010 年美国辛醇消费结构

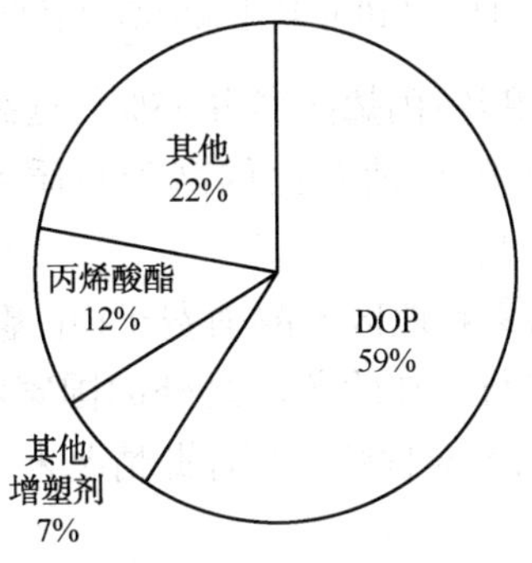

图 2-9　2010 年西欧辛醇消费结构

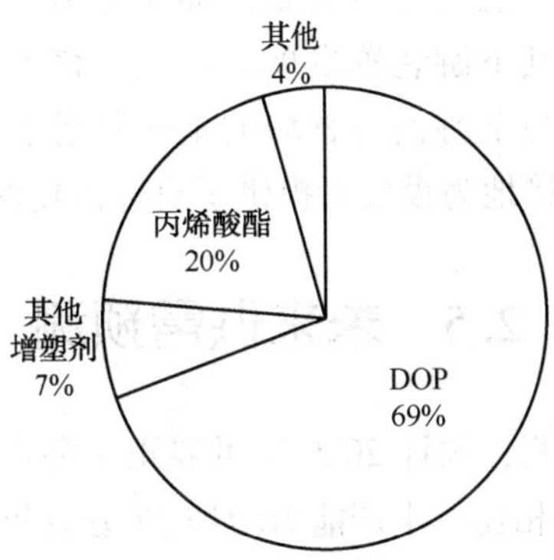

图 2-10　2010 年日本辛醇消费结构

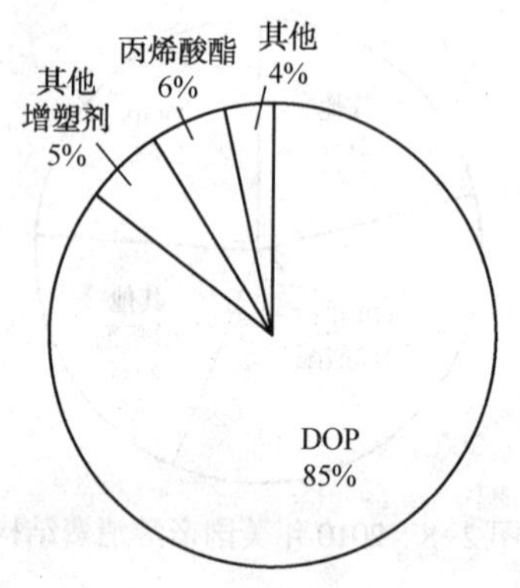

图 2-11　2010 年其他亚洲辛醇消费结构

美国辛醇消费于(甲基)丙烯酸酯占 35%，远高于其他地区。

亚洲地区软质 PVC 消费比例高于硬质 PVC，因此消费于 DOP 的辛醇比例较高。

总之，发达国家和地区辛醇消费于(甲基)丙烯酸酯的比例较高，且有上升趋势。在除美国之外的国家和地区，辛醇消费于 DOP 的比例仍占绝对优势，预计此情况未来 10 年不会有大的变化。

从上述正丁醇和辛醇的消费结构可以看出，不同产品的应用领域因其产品性能与特点的不同而千差万别，而同一个产品在不同地区由于其下游装置发展的不同，该产品的消费结构也不尽相同，主要与下游消费领域的地区特色有直接关系。消费结构的分析，间接地为投资者提供了目标市场的主要开拓方向。

2.5　未来供需预测

根据 IHS 预测，预计 2020 年世界正丁醇生产能力为 665 万 t/年。与 2015 年相比，生产能力增加 77 万 t/年，年均增长率约 2.5%，生产能力的增长主要在南美的巴西和东南亚的马来西亚，届时南美供需缺口将缩小，东南亚出口量会有所增加。

预计 2020 年世界正丁醇产量 485 万~490 万 t，开工率 74% 左右，表观消费量 485 万~490 万 t。未来 5 年需求量年均增长率为 3.1%，比产能年均增长率高 0.6 个百分点，开工率比 2015 年高 2 个百分点。

以上两段所包含的内容即未来 5 年生产能力、产量、开工率、消费量的预测，是对未来 5 年世界供需的阐述。如果能获得分区域的数据，可从下述角度进行数据分析：

以正丁醇为例，预计 2010—2015 年亚洲的生产能力年均增长率将达到 10.4%，生产能力将由 2010 年的 137 万 t/年增加到 2015 年的 195 万 t/年，地区内供应仍将不能满足需求，但随着生产能力的增加，供需缺口将逐步缩小。

未来 5 年，北美及西欧等发达地区正丁醇发展将呈现停滞的态势，生产能力维持不变，需求将出现微弱增加的态势。

对未来 10 年预测所包含内容如下：以正丁醇为例，初步预计 2025 年世界正丁醇生产能力 710 万 t，需求量 550 万 t，开工率 77.4%。

过去 5 年、未来 5 年、未来 5~10 年正丁醇和辛醇产能及需求年均增长率分别见表 2-6。可以看出，过去 5 年生产能力年均增长率均高于同期需求年均增长率，目前装置利润率不高甚至亏损，未来 5 ~10 年生产能力年均增长率为 0.7% ~2.5%，但同期需求年均增长率高于生产能力年均增长率，一定程度可消化目前的过剩生产能力。由图 2-12 可以直观得出此结论。

表 2-6　过去 5 年及未来 5~10 年正丁醇、辛醇产能和需求年均增长率

项　目	正丁醇产能增长率	正丁醇需求增长率	辛醇产能增长率	辛醇需求增长率
2010—2015 年	7.7%	3.2%	6.5%	5.2%
2015—2020 年	2.5%	3.1%	1.5%	2.2%
2020—2025 年	1.3%	2.3%	0.7%	1.9%

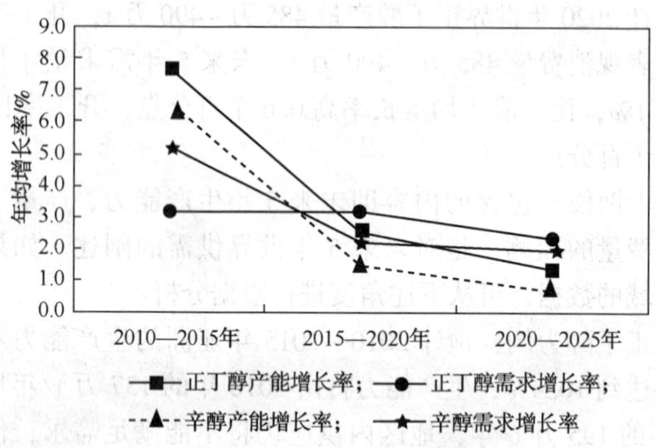

图 2-12　世界丁辛醇供需增长率变化趋势预测

也就是说，石化产品投资决策中对世界市场的供需预测，一般选取供需现状 *A* 年的未来 5 年及 10 年两个时间点，*A* 年的选取点一般采用尽可能近的时间点，如市场分析报告编制年份的上一年或上上年；对(*A*+5)年的市场供需状况原则上应该详细一些，包括届时生产能力、产量、开工率、消费量的预测，可计算出生产能力、产量、消费量的年均增长率，并进行生产能力、消费量年均增长率的比较，由此可以分析出未来呈供不应求、供需平衡或供大于求的态势。如果能获得分区域的供应、需求预测数据，则对主要区域的供需态势予以分析。对(*A*+10)年的市场供需状况一般列出生产能力、开工率、产量及需求量即可，对区域的状况原则上可不做分析。

2.6　世界市场数据来源

一般而言，世界石化产品市场的数据以美国斯坦福研究院(SRI)的特种文献数据最为权威与全面。作为中国的石化产品市场分析机构或专业人员，一般很难直接获得第一手的全面的、延续时间长的世界石化产品市场数据，因此世界市场供需现状及预测数据原则上采用 IHS Markit(即原来的 SRI)的 WA(原 SRI

的 WP 报告)或 CEH 报告的数据，个别涉及中国市场出入较大的数据，可予以适当修正。

SRI 于 1970 年从斯坦福大学正式独立出来，是一所专门从事咨询服务的机构。它是一个综合各学科的研究机构，主要为美国政府以及工商企业从事范围广泛的研究，在美国国防、外交、经济、科研等方面都起着重要作用。SRI 竭力向海外扩展，与世界各国、各地区的政界、企业界以及著名的战略、政策和学术研究机构往来密切，在世界各地有近 400 个“合伙公司”，是一个国际性的研究咨询机构。SRI 目前已并入 IHS 旗下。

WP 是 SRI 出版的特种文献，SRI 并入 IHS 后，改称 WA 报告，它是世界重要的石油化学工业数据库。IHS 使用其在全球各地的分支机构完成 WA 数据库的建设和数据采集与更新工作，该报告包括乙烯、丙烯、C_4烃类、芳烃、甲醇、聚合物及炼油产品等五十多种石化产品及石油天然气品种，涵盖了主要的石化产品及其衍生物。报告包括了世界的生产能力、需求和进出口的数据，有六十多个国家和分地区的详细数据。报告采用统一的格式、结构与内容，包括供需平衡、生产企业及消费等相关数据。其中，每种产品具体的内容和数据结构包括世界情况概述、分地区、分国家的论述、贸易流向矩阵表。在世界情况概述中，一般包括产品基本介绍、生产工艺、原料、下游衍生物及终端产品用途、世界前 15 大生产厂商的生产能力、贸易流向；分地区的论述中，主要包括供应和需求状况列表；分国家(地区)的论述中，包括该国家(地区)该产品的基本情况介绍，如生产工艺、原料等，对生产企业、产能、产量、总消费量及各应用领域的消费量、贸易等情况的历史数据及未来预测进行数据列表。该数据库的数据全面，涉及生产能力、产量、消费量、消费结构、工艺路线等内容，从而使读者形成对某一石化产品的世界总体及具体国家、地区的全面认识。时间跨度既包括过去 5 年逐年，也包括对未来 5 年逐年及未来 10 年的预测。WA 报告每年度更新一次，与原 WP 报告相比，WA 报告增加了文字综述内容。WA 报告适用于世界石化市场分析、产品研究、经济预测和企业竞争力评价等。

IHS 另一类重要的有关市场方面的特种文献是 CEH(原 SRI 也称为 CEH)报告。该研究报告涉及大约 300 个化学产品，报告内容主要包括历史、目前及未来的生产商、供应和消费的历史数据、现状数据及未来预测、贸易量及价格等，该报告不仅包括市场数据，同时还有对工艺技术及环境影响所做的评述，很多产品重点说明美国、西欧和日本的情况，对重点区域的分析比 WP 内容丰富，历史数据时间跨度比较长，该报告 3 年更新一次。CEH 按照大类分卷，由 38 卷组成，主要包括石油化工基础产品、化工产品、有机化学品、无机化学品等。大类的分类之下又有小类，有机化学品按照品种的英文名称字母顺序排列，分类报告以 7 位数字代码进行排列。

IHS Markit 在北京设有代表处，其特种文献报告对外发售。中国石化、中国石油、中国化工信息中心等国内多家单位订阅并收藏部分报告，但大多不对外借阅。

如前所述，世界市场的数据基本取自国外特种文献报告，而这些报告更多是提供客观数据。数据和提供给投资决策者的信息是两个概念，并非有了这些数据，就有了提供给投资者的决策信息，提供给投资者的市场决策信息一定是要经过数据挖掘、数据分析的。这里强调的理念是：如果石化产品国际市场部分仅仅是数据收集与罗列，并且该数据是第二手资料而非第一手资料，则该部分对投资决策者没有太多用处，只有对这些数据进行分析，并且这些分析得到合理诠释，投资决策者才可以从中获得决策依据。

第3章　中国市场分析和预测方法

中国已经成为世界第二大经济体，石化工业在国民经济中占有举足轻重的地位。最近10~15年，由于原料来源的多样性、技术可获得性的提高、市场需求的拉动，特别是短期内高额利润的推动等诸多因素的影响，部分石油化工项目的投资在中国掀起了前所未有的高潮，但并非所有在投资高潮中建设的项目都能为企业带来预期的收益。石油化工产业具有资金密集性和技术密集性的特点，进入门槛相对较高，且投资具有不可逆性，一旦投资决策者做出了错误的或者不合时宜的决策，巨额的投入非但不能带来预期的效益回报，反而会给企业造成较大亏损，带来沉重的负担。因此，为了避免决策失误，在项目前期必须对市场尤其是国内市场进行细致的分析和预测。

在可预见的未来或至少30年之内，在中国境内投资建设石化项目，其产品目标市场依然是以国内为主，因此中国市场的分析是市场分析的重点。石化产品国内市场需依靠专业人员开展调研、数据采集、数据分析与研究，采用多种方法对未来供需状况进行预测。

本章首先分析了中国两家最大的石油石化企业石化投资建设项目可行性研究报告编制要求中，对世界市场以外市场部分内容的要求，分析其差异点；随后阐述了石化市场分析和预测的原则及理论方法；然后以正丁醇、辛醇或苯酚为例，详细说明中国市场分析中供应状况所涵盖的内容；消费现状重点关注内容；未来消费预测中，有机结合多种定性方法与定量方法，包括下游市场分析、弹性系数法、曲线拟合法、人均消费量法等，详细介绍具有可操作性的市场预测方法，并提出高值、中值、低值的概念；根据预测的供应和需求数据，综合分析得出所分析的石化产品在预测年份的国内市场供需态势及未来市场空间。同时，根据已成为现实的数据，检验该预测方法的可信性。

全面领会和掌握了本书所推荐的方法后，其他石化产品(不含炼油产品)均可按照这些方法进行预测。市场分析人员掌握预测方法比简单地了解某年某个石化产品的市场数据更重要。当然，作为石化产品市场分析人员，数据的积累和个人石化产品数据库的建立也必不可少。

3.1 中国市场分析所涉及的内容

3.1.1 中国石油炼化项目可行性研究报告对国内市场的要求

按照中国石油炼化项目可行性研究报告编制要求，国内市场分析预测中，要求编写国内市场供需现状、国内市场供需预测、市场供需平衡分析三部分。

其中，国内市场供需现状中，要求简述该项目产品在中国的生产发展历程，各地区生产分布及中国主要生产企业的生产能力、产量、原料、技术和装置规模，要求将项目的国内市场供需情况及消费分布情况分别列表，并给出了中国××产品供需现状表、中国××产品消费分布表两张样表。

在国内市场供需预测中，要求根据目前在建和拟建的项目情况，预测今后 5 年及更长时间内项目产品的中国生产能力、产量以及在各地区消费分布的变化，列出了中国××产品在建及拟建项目情况表的样表。需求方面，要求根据近年来中国各地区经济发展状况及产品发展趋势等诸多因素，预测今后 5 年和更长时间内项目产品在国内的需求数量及分布变化趋势。

在市场供需平衡分析中，要求根据项目产品在中国目前的供需平衡和进出口情况、进口品种和来源、出口品种和目的地以及供需预测，分析项目产品在我国未来的供需变化趋势和发展前景。

3.1.2 中国石化石油化工项目可行性研究报告对国内市场的要求

中国石化石油化工项目可行性研究报告编制要求中，国内供需分析及预测所要求的内容包括产品供应分析、产品消费市场分析、产品供需预测三部分。

其中，在产品供应分析中，首先要求概述项目产品全国生产、供应的总体情况，然后是按照国内生产企业供应分析、产品进口分析两部分进行分析。其中，国内生产企业供应分析中，要求从项目产品主要生产企业的名称、生产能力、产量、技术路线、产销率及目标市场等方面分析国内生产情况，并列出项目产品国内主要生产企业概况表(有样表)。在产品进口分析中，要求从项目产品全国进口总量、主要进口国别、贸易方式、进口价格、进口关税税率等方面分析产品进口的情况；并要求列出项目产品主要进口国别表(有样表)、项目产品进口主要贸易方式表(有样表)、项目产品进口平均价格表(有样表)。同时，要求分析国外主要供应商对中国出口的项目产品的品种和数量。

在产品消费市场分析中，首先要求概述项目产品全国消费总体情况，并列出我国项目产品供需状况表(有样表)，然后按照细分市场、区域市场、替代产品、产品出口四部分内容进行相关分析。

(1) 细分市场分析：要求分析项目产品的品种或规格、应用领域或消费群体；说明每一细分市场现状及发展趋势；并列出全国消费结构表。

(2) 区域市场分析：要求从区域自然地理状况、文化背景、经济发达程度等方面分析不同区域市场的消费量及消费特点，并列出项目产品区域市场消费结构表(有样表)。

(3) 替代产品分析：要求从替代产品的性能、质量、价格、消费者接受程度等方面分析其替代程度以及对环境的影响。

(4) 在产品出口分析：要求从项目产品全国出口总量、主要出口国别、贸易方式、出口价格以及出口退税等方面分析产品出口的情况；并列出项目产品主要出口国别表(有样表)、项目产品出口主要贸易方式表。

在产品供需预测中，首先要求阐述预测方法，说明预测基础数据来源、样本数量和主要依据等其他与预测相关的情景。具体是按照经济环境预测、供应预测、需求预测、供需平衡预测四部分进行分类阐述的。

(1) 经济环境预测：要求预测国民经济、人口状况和相关政策、法规等方面的变化趋势，并分析对项目可能产生的影响。

(2) 供应预测：要求根据对相关企业供应能力的调查，预测项目产品供应能力，列表说明项目名称、装置规模、进展状况以及预计开车时间，分析未来产品的进口变化趋势及主要进口地区。

(3) 需求预测：要求分析相关行业发展趋势，预测对每个细分市场产生的影响，并列出项目产品全国消费结构预测表(有样表)；分析区域市场变化趋势，预测各个区域市场需求量及需求结构，列出项目产品区域市场消费结构预测表(有样表)；分析项目产品新用途开发带来的需求增长幅度；分析项目产品可能出口的地区和主要出口的品种和数量。

(4) 供需平衡预测：根据供应和需求预测，作出全国供需平衡预测表和区域供需平衡预测表，结合供需平衡预测，分析项目产品未来国内外市场占有情况。

3.1.3 两家公司对非世界市场部分要求的差异

第2章已经对中国石油和中国石化可行性研究报告编制要求中项目产品世界市场要求的异同进行对比，本部分将对两家公司编制要求中，除世界市场之外对市场部分要求的差异进行分析。

分析中国石油和中国石化炼化项目(石化项目)可行性研究报告对市场的要求可以看出，从研究范围而言，中国石油的可研报告只要求对项目产品市场进行分析，而中国石化除要求分析项目产品市场外，还要求对项目产品营销策略进行分析；同时，还需要对主要原材料、辅助材料和燃料的供应进行分析及对价格进行预测。从市场品种全面分析的角度而言，中国石化编制规定要求了项目产品、原材料、辅助材料和燃料等品种的市场，涉及内容更全面，在编制可研报告时间充裕的前提下，可给投资决策者更全面的信息。但投资时机往往稍纵即逝，如果在原材料、辅助材料和燃料等品种的市场分析方面耗费过多时间而贻误了投资时机，是得不偿失的。同时，燃料大部分由建设单位内部自供，或者与周边公用工程岛签署长期供给合同；大部分辅助材料用量不大且很容易由市场外购；而原材料一般而言也多是由建设单位内部自供，或者在确定建设项目时与相关供应商签署长期供应合同。在这些情景下，在可研报告中分析原材料、辅助材料和燃料的市场状况是值得商榷的。如果建设单位需要长期在市场采购甚至需要在国外采购主要原材料，且项目建设前预计难以签署长期稳定的供货合同，则对其进行市场分析是必要的。

在项目产品国内市场分析方面，中国石油是以时间为序列按照现状、未来预测、供需平衡进行编排的。中国石化则是按照供需的功能板块即供应现状、消费现状、未来供需预测进行编排的。

关于目标市场，中国石油的编制要求中，有专门章节“目标市场及产品竞争力分析”，内容涉及目标市场选择和主要用户分析、产品竞争力分析、产品市场风险分析；而中国石化的编制要求中，有专门章节“产品营销策略研究”，内容涉及产品目标市场的确定、市场营销等内容。二者的侧重点略有差别。作者认为中国石油的分析要求更现实、实用，可操作性强；中国石化所要求的市场营销内容，从市场营销内容分析，广度与深度具有一定的超前性，更适用于贴近大众生活的日用品、家电等产品的市场营销，对于石油化工产品而言，未必完全适用，在可研报告的编制中，是否都应按照此要求完成市场篇的编制工作，作者持保留态度。

中国石油和中国石化的可研报告编制要求均包括了产品价格分析及预测，所要求内容大体相似，均是国际价格分析和预测以及国内价格现状及分析。产品价格尤其产品与原料的价格差在一定程度上决定了投资的经济收益，其分析是非常必要的。

3.2 市场分析预测原则及理论方法概述

市场分析是在市场调研的基础上，对项目产出品的市场容量、价格、竞争力、营销策略以及市场风险等进行研究、分析和预测，一方面为项目投资决策提供依据，另一方面为项目建成后的市场开拓打下基础。

3.2.1 市场分析和预测的原则

市场分析和预测，必须遵循以下基本原则：

3.2.1.1 连贯性原则

连贯性原则是指一切客观事物的发展均具有合乎规律的连续性。市场作为一个客观经济事物，从时间上分析，它的发展是一个连续的过程，即未来的市场是在过去和现在的市场基础上演变而来的，是过去和现在的延续。因此，在进行市场预测时，需首先从搜集过去和现在的资料入手，然后对数据进行整理和分析，最后推测出将来的变化。

3.2.1.2 类比性原则

类比性原则就是根据市场结构及其变化的模式和规律推测未来市场发展变化的趋势。市场发展变化具有一定的类似性，比如发达国家石化工业发展的历程基本会在发展中国家再现，或者说发达国家的经验对发展中国家具有很强的借鉴性。因此，如果掌握了国外发达国家石化产品市场发展规律，就可基本应用于中国同类石化产品的市场预测。

3.2.1.3 相关性原则

美国心理学家米尔格伦于20世纪60年代提出的著名的“六度空间”理论又称为六度分隔(Six Degrees of Separation)理论，可以通俗地阐述为“你和任何一个陌生人之间所间隔的人不会超过六个，也就是说，最多通过六个人你就能够认识任何一个陌生人”。康奈尔大学的研究者通过搭建社会网络的数学模型“小世界模型”，也验证了该理论。该理论同样适用于石化产品市场分析和预测。一切事物都不是孤立的、静止的，而是相互联系的，譬如石化产品的市场需求量与供应量、市场需求量与人口、市场需求量与经济增长率等均是相互关联的。因此石化产品的需求预测中，可以根据历史消费数据并与关联因素相结合，获得未来市场需求的一组预测结果，并与其他方法相结合而预测未来需求量，以期提高市场预测的准确度。

3.2.2 市场调研

市场调研是指对产品市场的现状和一段历史时期内的数据进行调研，根据需要也可包括主要原料。

市场调研内容主要包括市场容量和价格状况。市场容量包括供应和需求状况。供应状况包括总生产能力、总产量、进出口贸易量(来源地、关口)、主要生产企业/装置及其生产能力等情况；需求容量是指消费量、消费结构、替代品等。调研的时间跨度应能满足市场预测的要求。价格调研是关注尽可能长时段的价格变化状况，以期寻找规律。

依据调研资料来源和资料收集方法，市场调研分为可获得第一手资料的实地调研和可获得第二手资料的文案调研两种。采用哪种调研方式，可根据客观条件及拟调查内容进行选择。

依据调研目的和待收集数据的性质，市场调研分为探索性调研和结论性调研(又称为核实性调研)。前者旨在发现预兆或观点，并为未来的调研提供方向；后者的目的在于核实最初的观点并协助决策者选择特定的行动路线，当决策者头脑中有一个或几个选择方案且正在评估这些方案的时候，结论性调研更为有用。结论性调研比探索性调研更正式和严格。

无论采用哪种调研类型，市场调研所获得的数据，只有得到分析和诠释，调研才有价值。市场调研是投资决策和市场之间的一座桥梁，相互间是一种互动关系，不可相互取代。市场调研的基本目的是协助投资决策减少不确定性，但不能取代决策。

3.2.3 市场预测程序和内容

市场预测是根据市场调研得到的历史数据和当前数据等系列数据，采用适当方法预测一定期间如未来 5 ~10 年的产品供需状况。预测过程是一个输入、处理、输出的动态反馈过程，市场预测流程详见图 3-1。全过程分为 7 个主要步骤和一个反馈过程。

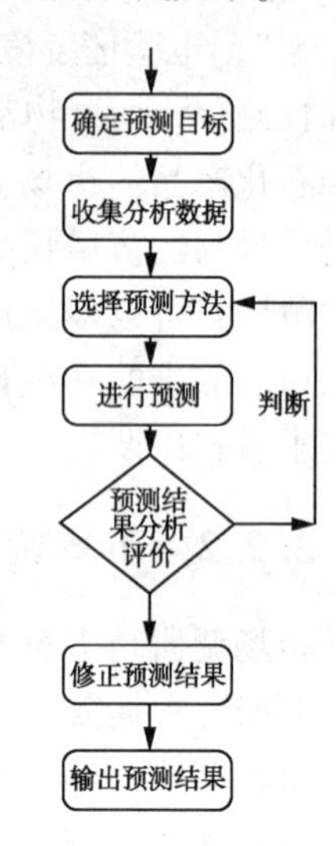

图 3-1　市场预测流程

供需预测考虑的因素主要包括：

(1) 国家及经济影响因素：国民经济与社会发展对项目产品供需的影响。

(2) 产品影响因素：相关上下游产业产品情况以及对项目产品供需的影响。

(3) 产品消费结构的变化、产品升级换代特别是高新技术产品和替代产品的影响。

(4) 项目产品在其生命周期包括导入期、成长期、成熟期、衰退期等所处阶段对供需的影响。

(5) 不同地区和不同消费群体的消费水平、消费习惯、消费方式对项目产品供需的影响。

(6) 涉及进出口的项目产品，应考虑国际政治经济条件及贸易政策变化对供需的影响。

通过供应预测和需求预测以及供需平衡分析来预测未来的市场容量，得出未来供需态势结论，分析项目产品的市场空间，作为项目投资决策的依据之一。

3.2.4 市场预测理论方法

市场预测方法分为定性预测和定量预测两大类。定性预测是指利用直观材料、依靠个人和群体的经验及分析判断能力，对市场未来的趋势、规律、状态做出质的判断和描述，也称直观预测。定量预测是指根据历史数据和资料、应用数理统计等方法预测未来，或利用事物发展的因果关系等预测未来市场的方法。

3.2.4.1 定性预测法

定性预测典型方法有专家会议法、德尔菲法、类推预测法等。

专家会议法是指组织相关专家，通过会议的形式，对产品的市场发展前景进行分析预测，然后在专家判断的基础上，综合意见得出市场预测结论。专家会议预测法包括头脑风暴法、交锋式会议法、混合式会议法即质疑式头脑风暴法等三种形式。

德尔菲法(Delphi)是由美国兰德公司于1964年首先应用的方法，此后在世界迅速推广。该名称起源于古希腊有关太阳神和预言神阿波罗(Apollo)的神话(古希腊的德菲尔城有一座阿波罗神殿)。德尔菲法是在专家个人判断法和专家会议法的基础上发展起来的一种专家调查法，它广泛应用在市场预测、技术预测、方案比选、社会评价等众多领域，该方法尤其适用于长期需求预测，特别是当预测时间跨度长达10~30年，其他定量预测方法无法做出较为准确的预测时，以及预测缺乏历史数据的情况。其实施程序包括：确定课题、选择专家、设计专家调查表、组织专家进行调查实施(包括逐轮征询意见和信息反馈)、采用统计分析方法得出预测结果共五个步骤。德尔菲法因为要经过几轮意见反馈，预测的时间比较长。德尔菲法的优点是便于独立思考和判断，低成本实现集思广益，有利于探索性解决问题，应用范围广泛；缺点是缺少思想沟通交流，易忽视少数人的意见，存在组织者主观影响。

类推预测法是利用相似性原理，把预测目标同其他类似事物加以对比分析，推断其未来发展趋势的一种定性预测方法。类推预测法具有较大的灵活性和广泛性，适用于新产品、新行业和新市场的需求预测及较长期的市场预测。根据预测目标和市场范围的不同，类推预测法分为产品类推法、行业类推法、地区类推法三种。运用类推预测法需要注意类别对象之间的差异性，特别是地区类推时，要充分考虑不同地区政治、社会、文化、民族和生活等方面的差异，并加以修正，才能使预测结果更接近实际。

3.2.4.2 定量预测法

定量预测是根据市场的历史和目前的数据资料，选择或建立合适的数学模型，分析研究其发展变化规律并对未来做出预测。主要包括时间序列预测法、因果分析预测法和其他预测方法三大类。

(1) 时间序列预测法

时间序列预测法又称为延伸性预测法，是指将市场经济统计指标的数值按时间先后顺序排列所成的数列，是一个动态数列。时间序列预测法，是将市场在时间上发展变化的同一指标的一组观察值，根据时间序列运用一定的数学方法进行动态分析，预测其发展变化趋势，确定市场预测值。应用时间序列预测法的前提条件是：假设事物发展总存在一个过程、假设只发生量变而不发生质变、假设时间是影响预测目标的唯一变量。鉴于此三点前提假设，决定了时间序列预测法适用于近期和短期的市场预测，对中期与长期的市场预测则不适用。时间序列预测法主要包括简单平均数预测法、移动平均数预测法、指数平滑法、成长曲线模型、季节波动模型等。

(2) 因果预测法

因果预测法是通过寻找变量之间的因果关系，分析自变量对因变量的影响程度，进而对未来进行预测的方法。主要适用于存在关联关系的数据预测。变量间的相关关系，要通过统计分析才能找到其中的规律，并用确定的函数关系来描述。因果预测法主要包括回归分析法、弹性系数法、消费系数法等。

其中，回归分析法的"回归"是取自遗传学的名称，为生物学和统计学所沿用。回归的现代含义是研究自变量与因变量之间的关系形式的分析方法，其目的在于根据已知自变量来预测因变量的总平均值。回归分析法是分析相关因素相互关系的一种数理统计方法，通过建立一个或一组自变量与相关随机变量(因变量)的回归分析模型，来预测相关随机变量的未来值。回归分析法按分析中自变量的个数分为一元回归与多元回归；按自变量与因变量的关系分为线性回归与非线性回归。

一元线性回归是指如果预测对象与主要影响因素之间存在线性关系，将预测对象作为因变量 y(每一组观察值为 y_i)，将主要影响因素作为自变量 x(每一组观察值为 x_i)，则它们之间的关系可以用一元线性回归模型表示为：

$$y_i = a + bx_i + e_i$$

式中：a 和 b 是揭示 x 和 y 之间关系的系数，a 为回归常数，b 为回归系数；e_i 是误差项或称回归余项。

现实生活中，客观事物是复杂的，一个因变量往往会受许多自变量的影响，此时应当运用多个自变量且自变量之间彼此独立，采用多元回归模型预测法。多元线性回归就是从多个变量中选一个因变量，其余变量作为自变量。多元线性回归模型预测法与一元线性回归模型预测法基本相同，只是扩展了方程式的内容，增加了解联立方程的过程。

弹性系数亦称弹性，这是一个相对量，它衡量某一变量的改变所引起另一变量相对变化的敏感程度。一般来说，两个变量之间的关系越密切，相应的弹性值就越大；两个变量越是不相关，相应的弹性值就越小。弹性系数法的优点是简单易行、计算方便、成本低、需要的数据少并且应用灵活广泛；其不足是分析带有一定的局部性和片面性，其分析结果在某些情况下精度不高。

消费系数法是指某种产品在各个行业(或部门、地区、人口、群体等)的单位消费量，在此基础上，汇总各个行业(或部门、地区、人口、群体等)的需求量，从而得出该产品的总需求量。

(3) 其他预测方法

其他预测方法包括系统动力学模型、马尔可夫链、灰色系统模型预测法等。

其中，系统动力学是由美国麻省理工学院的福瑞斯特教授于1956年创立的，它是以系统反馈控制理论为基础，以计算机仿真技术为主要手段，定量研究系统发展动态行为的一门学科。

马尔可夫链是基于20世纪初俄国数学家马尔可夫的研究即事物由一种状态转移到另一种状态的过程，若该过程具有转换概率，而且此种转换概率又可以依据其紧接的前项情况推算出来，此一连串转换的整体称为马尔可夫链，属于概率估算，预测中要用到概率向量与概率矩阵。

灰色系统理论是华中理工大学邓聚龙教授于1982年提出并建立的。灰色系统是指部分信息已知、部分信息未知的系统。凡是有些参数已知、有些参数未知的系统都是灰色系统。灰色系统以高阶微分方程作为模型，表示为$GM(K, N)$，其中K代表阶数，N代表变量个数。最简单的三种灰色系统预测模型为$GM(1, 1)$，$GM(2, 1)$和$GM(1, N)$，其计算也都是相当复杂的。

上述三种预测方法，均需要扎实的数学功底及高深的专业知识，预测过程相当复杂。作者曾运用系统动力学对丁辛醇市场进行过预测，模型要调通需花费不少时间和精力。

前述仅是简要介绍了各种定量预测方法，详细的理论及计算公式，读者有兴趣可参阅相关专著。

以上所谈市场分析和预测原则与理论方法，适用于中国市场，也同样适用于世界市场。

3.3 中国供应现状

产品供应包括国内生产和进口两部分。国内生产部分按企业和装置、不同生产工艺及历史演变进行分析；进口部分按照进口关口和进口来源地对多年历史数据进行分析和比较，从中寻找规律。

3.3.1 生产企业

以完成于2012年的正丁醇、辛醇市场分析和预测为例予以说明，其中基准数据采集点选取2010年，预测点为2015年和2020年。中国正丁醇/辛醇(2-乙基己醇)工业化生产始于20世纪五六十年代。目前，中国生产丁辛醇的主流工艺是低压羰基合成法，即丙烯与合成气进行氢甲酰化反应生成正丁醛和异丁醛，正丁醛和异丁醛进行催化加氢得到正丁醇和异丁醇；二分子的正丁醛经缩合并脱水生成2-乙基己烯醛(辛烯醛，简称EPA)，然后催化加氢制得辛醇。也就是说，采用羰基合成法生产工艺的丁辛醇装置，产品方案包括正丁醇和辛醇并副产异丁醇，也可设计为仅生产正丁醇或仅生产辛醇，并副产异丁醇或异丁醛。

截至2010年年末采用此工艺的共有8家生产企业9套装置，合计生产能力正丁醇为55万t/年、辛醇为87.5万t/年；其次是生物发酵法，采用此技术的企业共有7家，正丁醇生产能力为21.5万t/年。2010年中国正丁醇、辛醇生产能力详见表3-1。

表 3-1　2010 年中国正丁醇、辛醇生产能力　万 t/年

序号	企业	正丁醇	辛醇	合计	备注
一	羰基合成法	55	87.5	142.5	
1	齐鲁石化公司	5	25.5	30.5	1 号线：1987 年 6 月投产，1998 年扩建 2 号线：2004 年建成投产
2	扬子-巴斯夫公司	10	11	21	2005 年投产
3	北京化工四厂	2	5	7	
4	吉林化学工业公司	17	7	24	采用高压钴法于 1982 年建成，于 2000 年采用 Davy 技术完成改造
5	大庆石化总厂	2.5	5.5	8	
6	山东利华益集团	8.5	14	22.5	2010 年投产
7	天津碱厂	8	14.5	22.5	2011 年投产
8	山东建兰	2	5	7	
二	生物发酵法	21.5	0	21.5	
三	合计	76.5	87.5	164	

由于生物法正丁醇工艺非主流生产路线，装置规模小，开工率低，产量有限，与羰基合成法的正丁醇在消费领域不会产生激烈竞争，故除特别注明外的统计及研究均不涉及生物法正丁醇。粮食发酵法生产工艺尽管在发达国家已经淘汰，但在原油价格持续高涨、中国市场缺口较大的前提下，预计未来数年作为羰基合成的补充，将依然存在。

中国正丁醇总产能中，中国石化、中国石油和地方企业所占比例分别为 30.9%、35.5%和 33.6%，基本呈三分天下格局；辛醇产能三者所占比例分别为 47.4%、14.3%和 38.3%，中国石化和地方企业占主要地位(见图 3-2)。

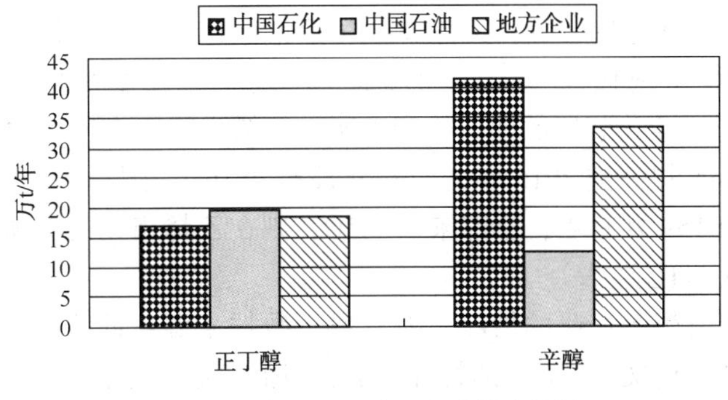

图 3-2　中国正丁醇、辛醇供应格局

从上述所列举的正丁醇、辛醇供应现状实例可以看出，在阐述石化产品供应现状时，先简述该工业生产在中国起源于何时，目前的主流工艺、现有(上年或上上年年末统计数据)采用主流工艺的生产企业个数及装置套数，小计该主流工艺的生产能力；非主流生产工艺的生产企业个数及装置生产能力。如果非主流生产工艺属于落后拟淘汰装置或开工率不高，占主流生产工艺装置规模的比例低于 10%~20%，则后续论述中可以不计入此部分，如发酵法生产正丁醇工艺。如果中国市场的非主流生产工艺在发达国家属于先进工艺，代表了发展的方向，尽管目前在中国所占份额不高，市场论述中则应该包括此部分装置，譬如乙烯法生产醋酸乙烯，尽管乙炔法(包括电石法和天然气乙炔法)生产醋酸乙烯生产装置在中国的醋酸乙烯生产中所占比例高于 60%，但分析醋酸乙烯市场时，乙炔法和乙烯法都应包括。第三种情况是非主流生产工艺是主流生产工艺的一种有效补充，新建装置有可能会采用该工艺技术，则市场分析中应包括该非主流工艺的市场份额，如苯乙烯的主流生产工艺是蒸汽裂解装置提供的纯乙烯生产乙苯/苯乙烯，而催化干气制乙苯/苯乙烯工艺、共氧化法的环氧丙烷/苯乙烯(PO/SM)和甲基叔丁基醚/苯乙烯(MTBE/SM)均是苯乙烯生产的有效补充，尤其采用共氧化法工艺的装置规模多在 50 万 t/年以上，在苯乙烯市场的分析中应该计入这些装置；又譬如蒸汽裂解是生产乙烯的主流工艺，但近10年现代煤化工蓬勃发展，中国多套煤基甲醇制烯烃(MTO)工业化装置的建成投产，所占乙烯生产能力已经由2015年的14%提高到2016年的20%，甚至2016年中国新增乙烯生产能力159万t/年，全部来自MTO，则在乙烯市场的分析中应该计入MTO装置。

现有生产企业的情况主要有以下数据来源：近期学术刊物的市场分析文章、IHS的特种文献、与生产企业的市场或技术人员进行沟通(电话、邮件、实地调研)、各个石化产品年会或易贸公司举办的石化产品市场分析年会、中国石油和化学工业联合会每月出版的《中国石油和化工经济数据快报之产量分册/进出口分册/价格分册/效益分册》等不同渠道予以获得，但每个渠道所获得的数据往往不是全局概貌，也就是说文案调研或实地调研所获得的数据只能作为原始数据，市场分析人员要对各个渠道获得的数据进行整理、归并、取舍及判断，得出自己的研究结论。

3.3.2 进口分析

3.3.2.1 进口总论

石化产品的进口及出口数据均来自于国家海关进出口数据网站，可进行实时动态查询，但有使用权限的限制。部分石化产品的进出口数据也可从《中国石油和化工经济数据快报之进出口分册》查得。

表3-2是以正丁醇为例列出的从海关网站查到的2011年全年的进口关口的原始数据，查询时需要首先查到石化产品8位税则号，然后选择查询年份如2015年或2017年1—10月，同时选择查询进口关口或进口国家/地区，可以得到相应的原始数据，该原始数据是以Excel表格的形式呈现，进口关口、进口国家/地区以及年份的选择是根据数据分析的需要而确定的。

表 3-2 2011 年 1~12 月海关正丁醇进口统计原始表

产品税则及名称	关口	单位	数量	金额/美元	单价/(美元/t)
29051300 正丁醇		t	491246.24	780171043.00	1588.15
29051300 正丁醇	上海	t	18551.07	29859949.00	1609.61
29051300 正丁醇	北京	t	0.79	10914.00	13780.30
29051300 正丁醇	满洲里	t	56723.72	88459181.00	1559.47
29051300 正丁醇	宁波	t	77513.78	123028222.00	1587.18
29051300 正丁醇	大连	t	6.85	33282.00	4855.85
29051300 正丁醇	青岛	t	2041.18	3550374.00	1739.37
29051300 正丁醇	南京	t	226427.14	363413395.00	1604.99
29051300 正丁醇	九龙	t	6066.47	8963163.00	1477.49
29051300 正丁醇	湛江	t	1009.10	1716974.00	1701.49
29051300 正丁醇	天津	t	46.32	86949.00	1876.98
29051300 正丁醇	杭州	t	9878.81	14708893.00	1488.93
29051300 正丁醇	黄埔	t	30931.71	50302622.00	1626.25
29051300 正丁醇	广州	t	62049.30	96037125.00	1547.76

对石化产品进口关口的分析，有利于区域市场及目标市场的选择与确定。譬如一种石化产品的进口区域主要在华东或华南区域的海关，则投资新建装置建设在华东或华南会更靠近目标市场。若建设在华北尤其西北或东北区域，一定是远离现有目标市场的，除非在拟建装置周边几乎同期建设下游配套装置。

进口来源国家/地区的数据分析主要是给该产品下游用户尤其是进出口国际贸易商提供原料来源的信息，而对于石化装置投资决策而言，进口关口数据的分析比进口来源地的重要性更强。

出口关口及出口国家与地区同进口相对应，在目前及未来15~20 年之内，预计中国主要石化产品的出口占该产品的国内表观消费量份额在 5%~10%以下，相对而言非常低，一般而言中国境内新建石化装置的目标市场不可能以出口为其市场定位，因此，本书对出口不做过多论述。编制石化产品市场分析报告时，通常来讲重点也不在产品出口。

在进口总体分析中，可先说明目前即数据采集年份(编制市场报告的上年或上上年)的进口量，较有说服力的方法是列出最近至少 5~10 年的进口数据曲线图，并根据图中数据分析进口趋势。如果仅仅列出目前的进口量，而没有历史数据纵向比较和趋势变化，是难以说明太多问题的。

再次强调数据分析的重要性。从海关数据库中查到的原始数据，一定要进行整理、归纳与分析，得出观点才有实际意义。

以正丁醇、辛醇的进口数据为例，图 3-3 为近 25 年中国正丁醇和辛醇的进口曲线图。总体来看，2010 年前呈现逐年上升的态势，2010 年达到峰值(其中正丁醇为 62. 35 万 t、辛醇为 46. 46 万 t)，随后自 2011 年呈现下降，2015 年正丁醇进口量为 23. 1 万 t，辛醇为 21. 9 万 t，仅为峰值时期的 50%左右。

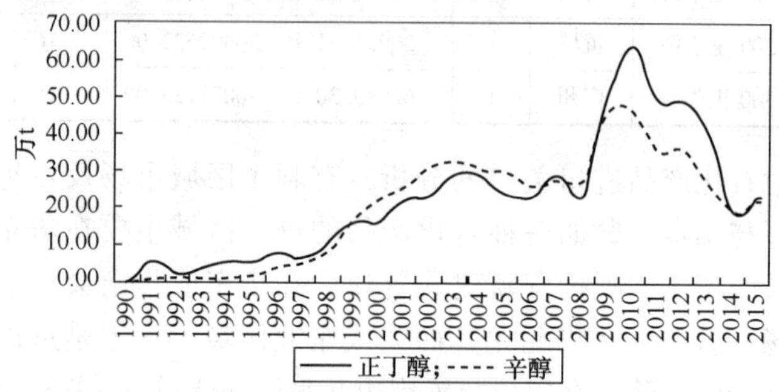

图 3-3　近 25 年中国正丁醇和辛醇的进口情况曲线图

3. 3. 2. 2　主要进口关口

以正丁醇为例，石化产品进口关口的分析要点如下：根据中国海关统计数据，2000 年、2005 年、2010 年和 2011 年中国正丁醇的主要进口关口进口量占比分别见图 3-4~图 3-7。

图中数据表明：2000 年正丁醇前 5 个进口关口(满洲里、宁波、上海、南京、黄埔，其中满洲里 30%)的进口量之和占总进口量的 86%，2005 年此比例为 86%(其中满洲里 26%)，2010 年和2011年此比例均为92%。此4个年份，前5个进口关口中，东南沿海关口的进口量之和占总进口量的比例分别为56%、60%、82%和81%。上述进口数据表明我国正丁醇进口关口呈逐步向东南沿海口岸集中的趋势。

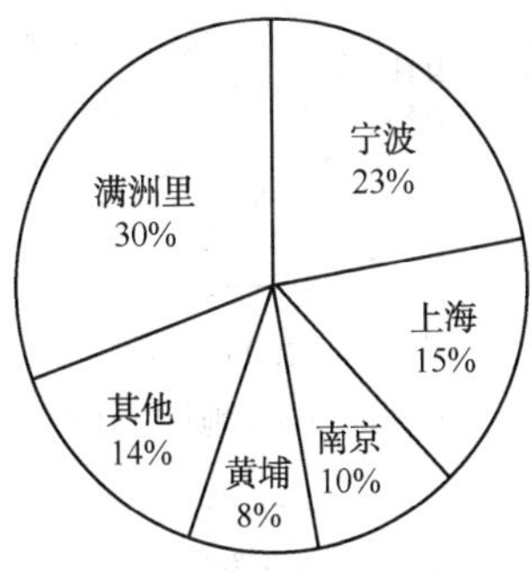

图3-4　2000年正丁醇主要进口关口进口量占比

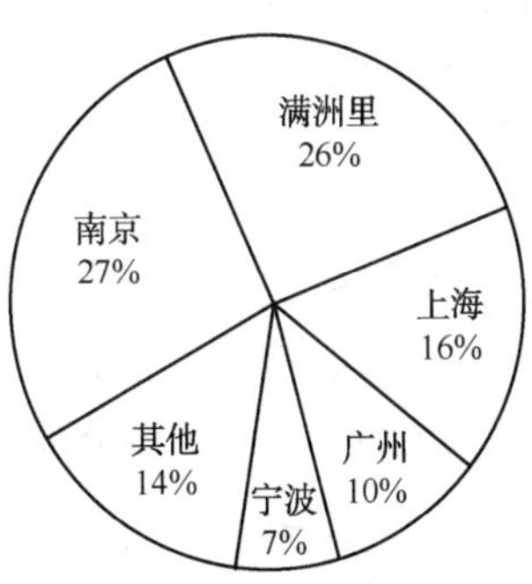

图3-5　2005年正丁醇主要进口关口进口量占比

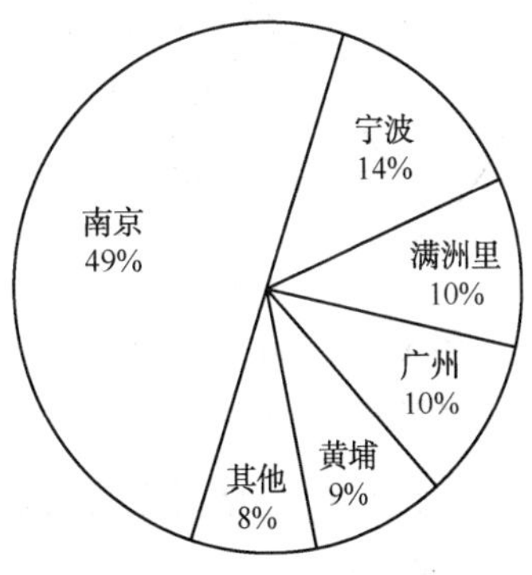

图3-6　2010年正丁醇主要进口关口进口量占比

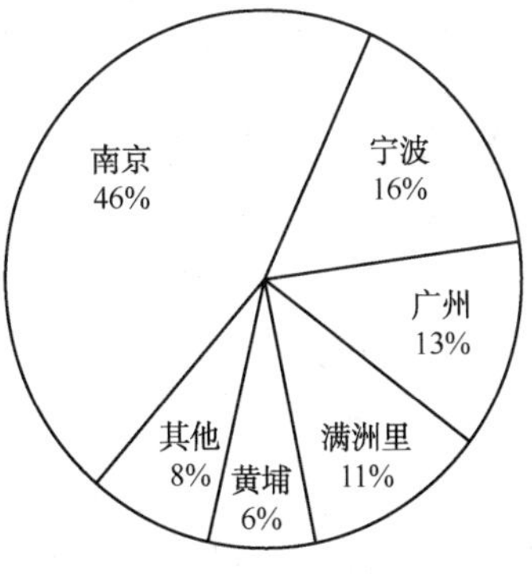

图3-7　2011年正丁醇主要进口关口进口量占比

3.3.2.3　主要进口国家/地区

以正丁醇为例，石化产品进口国家/地区的分析要点如下：根据中国海关统计数据，2000年、2005年、2010年和2011年中国正丁醇的进口主要来源国家/地区分布分别详见图3-8~图3-11。

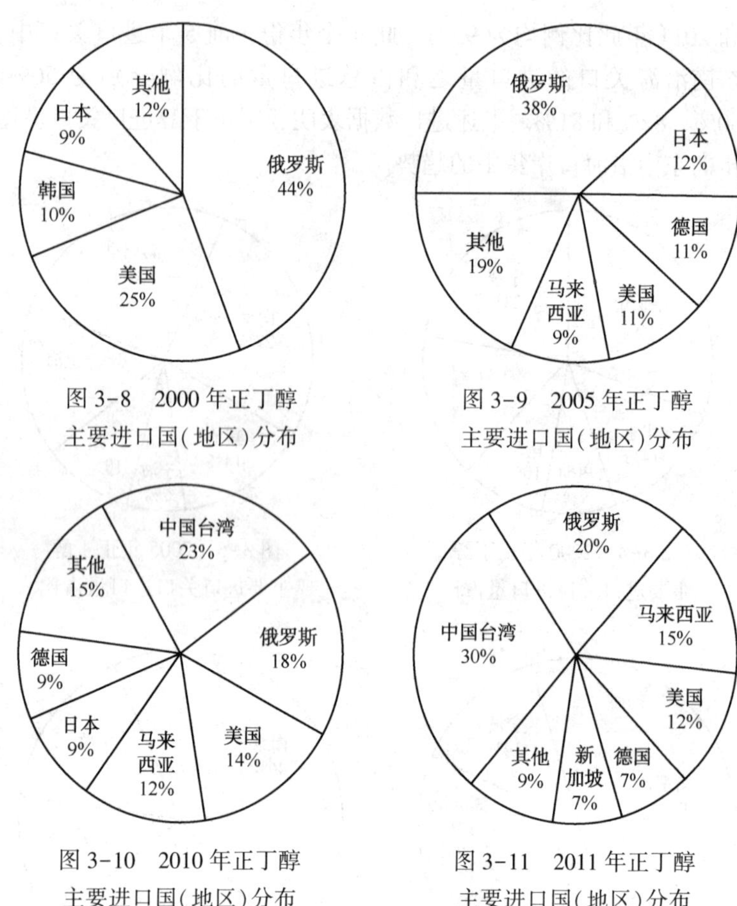

图 3-8　2000 年正丁醇主要进口国(地区)分布

图 3-9　2005 年正丁醇主要进口国(地区)分布

图 3-10　2010 年正丁醇主要进口国(地区)分布

图 3-11　2011 年正丁醇主要进口国(地区)分布

图中数据表明：2000 年正丁醇前 4 个主要来源国家/地区(俄罗斯、美国、韩国、日本，其中俄罗斯 44%)的进口量之和占总进口量的 88%，2005 年该比例下降为 72%(其中俄罗斯 38%)，2010 年该比例为 67%，2011 年此比例为 77%。此 4 个年份，前 4 个来源国家/地区中，亚洲的进口量之和在总进口量中所占比例分别为 19%、12%、35%和 45%。进口数据表明我国正丁醇进口来源地的变化趋势由集中少数国家/地区、逐渐过渡到分散在多个国家/地区，同时，逐步向亚洲集中。

3.4 国内石化产品表观消费现状分析

现状分析不仅仅是当前表观消费量的陈述，而是至少要对10年、甚至20年的历史消费数据进行分析，同时要展开其下游消费市场的分析。

下面以丁辛醇为例，基准数据即当前采集点选取2010年，数据挖掘、整理、归纳及分析完成于2011年下半年及2012年上半年，当时追踪了20余年中国正丁醇、辛醇的历史消费数据，对主要下游应用领域按照装置进行了分析，并说明了下游替代品的发展。总而言之，此部分应从宏观和微观两个层面对消费状况进行分析和研究。

3.4.1 需求概况

2010年中国正丁醇产量为51.60万t，净进口量为62万t，表观消费量为113.90万t，自给率45%。2005—2010年期间，产量年均增长率8.28%，表观消费量年均增长率14.27%，表观消费量年均增长率比产量年均增长率高5.99个百分点，国内产不足需的态势日益严峻。本段所涉及的石化产品的产量、净进口量、表观消费量、自给率、年均增长率等内容，是需求状况概述内容的常规且不可或缺的内容，需求状况概述可按照这样的模板进行阐述。

1990—2010年中国正丁醇供需状况详见图3-12。可以看出，表观消费量逐年攀升。这是对供需状况历史数据的基本分析。

3.4.2 年均增长率的计算方法

前述多次提及年均增长率的概念。年均增长率的计算不是复杂或高深的学问，但作者工作中，确实发现有些市场分析人员对年均增长率定义的理解及计算方法是错误的，因此，此处对年均增长率的计算方法予以说明：如果已知石化产品A的

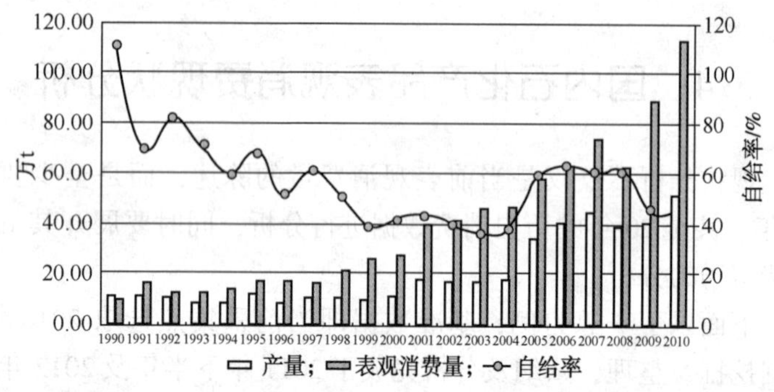

图 3-12　1990—2010 年中国正丁醇供需状况

2010 年产量为 $A_1=80$ 万 t、2017 年的产量为 $A_2=120$ 万 t，则 2010—2017 年间该产品的年均增长率计算公式为：

$$A_2=A_1x^n$$

其中，$n=7$，x 代表年均增长率。由此公式代入上述相关数据，可计算出年均增长率 $x=5.96\%$。

公式中，n 的取值是不计入起始年份的，即：n = 结束年份 - 起始年份 = 2017 - 2010 = 7，代表了 2011 年、2012 年、2013 年、2014 年、2015 年、2016 年和 2017 年共 7 个年份，而不包含起始年份 2010 年。

同时，公式中 x 和 n 是幂指数函数关系，而非相乘的关系，这点也要尤其注意。

建议读者可据此公式用 Excel 编写一个小的计算程序，每次计算只要输入起始值、结束值以及年份数据 n，软件即可自动计算出年均增长率，从而提高工作效率。

图 3-13 是作者编制的年均增长率计算公式截图。其中已知条件所列数据主要是说明年份的计算，其数据均是手工输入，实际应用中可以作为 n 数值的选取方法，而不必实际输入；截图中，2. 计算过程中，2.1 初始数据、2.2 终结数据、2.3 年份均是手工输入，具体计算过程的公式编写如下：

2.4 的公式为：相应的单元格中输入：=C9/C8；

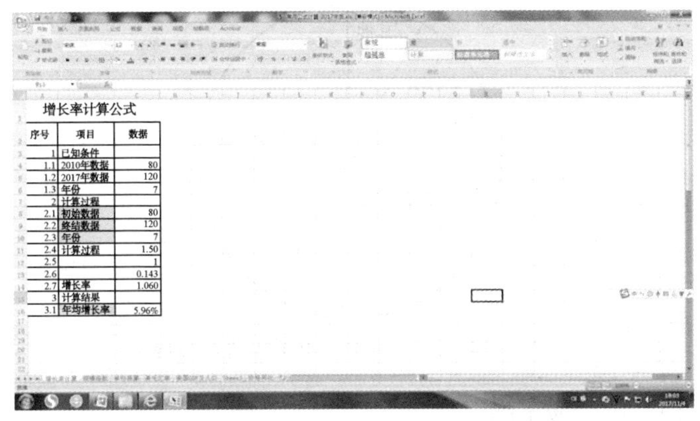

增长率计算公式

序号	项目	数据
1	已知条件	
1.1	2010年数据	80
1.2	2017年数据	120
1.3	年份	7
2	计算过程	
2.1	初始数据	80
2.2	终结数据	120
2.3	年份	7
2.4	计算过程	1.50
2.5		1
2.6		0.143
2.7	增长率	1.060
3	计算结果	
3.1	年均增长率	5.96%

图 3-13　年均增长率计算公式截图

2.5 所对应的是手工输入 1；

2.6 的公式为：相应的单元格中输入：=C12/C10；

2.7 的公式为：相应的单元格中输入：=C11^C13；

3.1 的公式为：相应的单元格中输入：=(C14-1)。

3.4.3　细分市场

需求现状中，对细分市场的分析至关重要，目标市场即是根据细分市场的信息而予以筛选、确定的。细分市场的数据来源渠道与前述生产企业的数据来源类似，不同的是分析人员需大体掌握细分市场各领域的基本工艺，至少熟悉下游产品所需石化原料的消耗系数，这样在获知下游装置产能规模、产量时可方便计算出所消耗的石化原料数量。

以正丁醇为例，我国正丁醇用途十分广泛，主要包括丙烯酸丁酯、醋酸丁酯、邻苯二甲酸二丁酯(DBP)、医药及农药中间体等。2010 年中国正丁醇的消费结构是丙烯酸丁酯 42%，醋酸丁酯 38%，增塑剂 DBP12%，其他如医药中间体、农药中间体和选矿剂等约占 8%(见图 3-14)。过去几年随着溶剂无苯化的推广和涂料工业的发展，丙烯酸酯、醋酸丁酯的需求增加较快，而邻苯二甲酸二丁酯的需求增长缓慢。

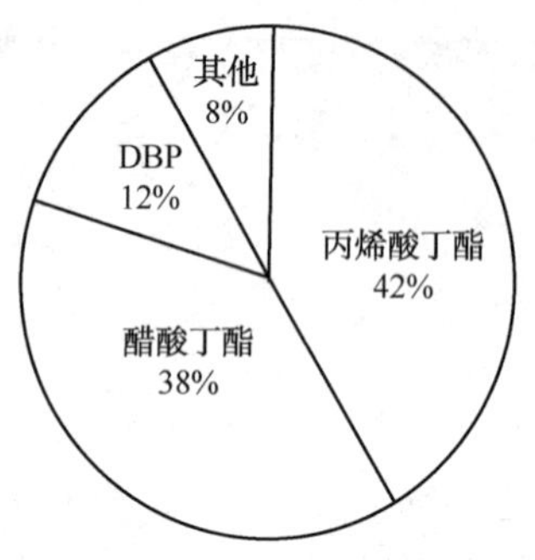

图 3-14　2010 年中国正丁醇消费结构

(1) 丙烯酸丁酯

丙烯酸丁酯类主要用于生产压敏胶，也用于生产建筑乳液涂料和纺织浆料。2010 年中国通用型丙烯酸酯生产能力为 124.1 万 t/年(未计入小酯化装置)，产量 102.33 万 t，进口量 6.34 万 t，出口量 12.39 万 t，表观消费量 96.30 万 t。通用型丙烯酸酯的生产包括丙烯酸甲酯、丙烯酸乙酯、丙烯酸丁酯和丙烯酸辛酯，其中以丙烯酸丁酯的产能和需求最大。中国丙烯酸丁酯的产能约 100 万 t/年，其单耗为 0.55，同时考虑到开工率，该领域对正丁醇的需求量约为 48 万 t。中国丙烯酸丁酯的主要生产装置详见表 3-3。

表 3-3　2010 年中国丙烯酸丁酯装置生产能力　万 t/年

单位名称	生产能力
上海华谊丙烯酸公司	19.0
江苏裕廊化工有限公司	18.0
吉林石化分公司	13.0
台塑丙烯酸酯(宁波)有限公司	12.0
扬子-巴斯夫石化公司	10.0
中国蓝星沈阳石蜡化工有限公司	10.0
北京东方化工厂	6.0
吉林松原石油化工有限公司	4.0
浙江卫星丙烯酸有限公司	3.0
其他	5.0(约)
合计	100.0

（2）醋酸丁酯

醋酸丁酯是一种良好的有机溶剂，广泛应用在涂料、硝化纤维、油墨、人造革、医药、塑料及香料等工业中，尤其用于无苯涂料的生产，在房地产高速发展推动下近年生产能力扩张较快。目前中国醋酸丁酯的生产企业较多，以民营企业为主，主要分布在华东地区及广东省。中国醋酸丁酯生产能力约100万t/年，单耗约为0.63，同时考虑到开工率，该领域对正丁醇的需求量约43万t。表3-4为2010年中国醋酸丁酯装置生产能力。

表3-4 2010年中国醋酸丁酯装置生产能力 万t/年

企业名称	生产能力
广东江门谦信发展有限公司	15
江苏江阴百川(长华)化学工业有限公司	20
扬子江乙酰化(重庆)有限公司	8
广州珠江化工集团有限公司	5
江苏索普集团有限公司	10
上海东盐化工有限公司	20
南昌市赣江溶剂厂	5
江苏三木集团	4.5
其他企业	约10
合计	100

（3）邻苯二甲酸二丁酯(DBP)

目前中国增塑剂生产企业较多，主要分布在华北、华东、华南地区，总生产能力为220万t/年左右。DBP产量根据市场需求可以调节，以DBP生产占增塑剂20%计算，DBP生产能力约为40万t/年。根据单耗为0.6并考虑到装置切换及开工率等因素，2010年DBP消耗的正丁醇约14万t。

（4）替代产品分析

关于石化产品的替代品，包括石化产品本身的替代以及该石化产品下游产品替代品的出现而降低该领域石化产品的消费量。市场分析人员应以超前的眼光提醒投资者。一般而言，石化产品及其下游产品替代品的出现是个非常缓慢的过程，不像日用品、家电、个人电子产品等更新换代那样快，因此，替代产品的分析更多是定性说明，极少能做出量化的精准预测。

以正丁醇为例，目前其下游产品丙烯酸丁酯发展很快，有的生产企业尝试用醋酸乙烯、蔗糖、淀粉及高黏土等产品替代丙烯酸丁酯生产压敏胶，虽然在生产成本上有所降低，但产品性能明显下降，无法完全替代丙烯酸丁酯，因此预计丙烯酸丁酯将是正丁醇需求的主要增长因素；醋酸丁酯的需求量也将随着房地产行业的持续发展而增加；而邻苯二甲酸二丁酯作为增塑剂将逐步被限制在玩具中使用，该领域正丁醇的需求量将逐步减少。

以辛醇为例，欧洲议会于 2000 年通过的 PVC 材料环保要求书 76/769/EEC，对包括铅、镉在内的 18 种有害物质禁止使用，其中包括 DOP；欧洲议会已于 2005 年 6 月左右提议投票永久禁止在儿童玩具和一些儿童护理产品中使用 6 种邻苯二甲酸酯类增塑剂，从而辛醇重要下游产品 DOP 的消费受到一定限制。柠檬酸三丁酯（TBC）和乙酰柠檬酸三丁酯（ATBC）等可作为替代品，但产品价格较高，难以大范围替代 DOP。

目前中国对 DOP 的用途尚无限制，医用输液管目前也仅规定食用级 DOP，根据中国国情预计近期内较难出台 DOP 的禁令。

上述主要是以正丁醇为例，说明细分市场要说明和分析的内容，此部分是需求现状中非常重要的内容之一。

3.5 未来国内供应预测

未来供应的预测，其信息和数据来源主要是学术期刊相关市场文章、IHS 的特种文献、现有生产企业和设计单位、新建装置拟采用的主流工艺技术的技术许可商、相关单位的规划部门、各种石化产品年会及市场分析会(如易贸公司的市场会、乙烯年会等)等各种渠道，进行文案、电话、邮件或实地的广泛调研，并从中进行甄选与判断。

对于拟建装置，即使投资者初步决定投资建设，譬如已编制了项目可行性研究报告，但能否批复尚有一定的不确定性；获得可研批复的项目，在初步设计阶段，也不排除由于投资者资金紧张、产品市场空间比预期大大压缩、经济进入下行期、项目效益测算与决策时发生重大偏离等，或者项目建设的相关手续如环评未能通过评审等诸多因素的影响，存在暂缓建设或不予建设的可能性；而对于尚处于项目规划、项目建议书阶段的拟建项目，更需要夯实或自行分析其建设的可能性。相反的情况，也不排除由于项目产品经济效益非常可观、生产原料相对易得(譬如丙烯可来源于炼厂、蒸汽裂解装置、煤基甲醇制烯烃(MTO/MTP)、丙烷脱氢制烯烃等)、工艺技术的可获得性等条件均满足，促进了某些石化项目在国内竞相建设，如自2005年起中国的丙烯酸及酯、电石乙炔法生产聚氯乙烯、醋酸、丁辛醇等装置均先后经历了快速扩张时期。如果调研到有4~5套拟建装置，在预测未来供应装置规模时，对于前一种情况，可调整为2~3套计入；后一种情况，则应放大到6~7套。具体数据的放大或缩小，需要市场分析人员根据所获得的信息并结合自身的专业素养予以判断，更多是一种经验。

以丁辛醇装置为例，由于20世纪90年代世界上C_4~C_{13}醇(含正丁醇和辛醇)新增生产装置较多、下游产品需求增长缓慢，加之丙烯资源宝贵而相对紧张，聚丙烯市场风险较小以及投资丁辛醇装置需配套建设造气装置等因素的影响，一段时期国外公司对丁辛醇装置投资较为谨慎，新建装置较少。

2006—2008年上半年，受化工周期景气阶段的影响，加之国民经济进入了新的高速增长期，带动了下游需求的迅速成长，国内丁辛醇产品供不足需，行业利润较高，主要原料供应有保障以及技术许可商技术转让一定程度的放开等各种因素的综合作用，引发了中国前所未有的丁辛醇装置投资热潮。

根据作者对生产企业、设计单位、行业协会及技术许可方等多家企业和多位行业人士的调研，并参考公开报道，2015年前中国新增丁辛醇装置详见表3-5，该预测完成于2012年。

表3-5　2015年前中国新增丁辛醇装置　　万t/年

序号	生产企业	正丁醇	辛醇	合计	备注
1	中国石油四川乙烯工程	21.2	8.2	29	在建
2	山东蓝矾	14	—	14	计划
3	陕西某炼厂	20.63	8	30	计划
4	南京惠生	10	12.5	22.5	在建
5	中国石油揭阳项目	23.5	8.5	32	计划
6	中国石化华东项目	约11	约10	21.5	计划
7	中国石化华南项目	约11	约10	21.5	计划
	新增合计	约110	约55	170.5	
	2015年末生产能力	约165①	约145		

①不含发酵法。

上述项目预计在2015年前陆续建成投产，正丁醇将新增产能110万t/年左右，辛醇将新增产能55万t/年左右。届时中国正丁醇产能将达到165万t/年左右，辛醇产能将达到145万t/年左右。

假定2016—2020年期间有两套各25万~30万t/年丁辛醇装置建成投产，则2020年中国正丁醇产能将达到195万t/年左右，辛醇产能172万t/年左右。

3.6　未来需求预测

市场分析中，供应和消费的历史数据及现状均是客观存在的，作为市场分析人员，主要是通过各种渠道获得足够长、足够可信的数据，进行适当取舍、归纳并予以分析。未来的供应介于客观现实和预测之间，需要在文案调研、实地调研的基础上，由市场分析人员进行分析判断，这在前文供应预测中已详细论述。未来国内市场需求预测，则需要市场分析人员将定性与定量方法相结合采取各种方法进行预测，并据此对未来需求做出量化判断。

本章 3.2 节介绍了市场分析和预测原则及多种需求预测理论方法，这些原则是普遍适用且需遵循的；所述及的预测方法在理论上很成熟，但如何有效地将它们应用到石化产品的市场预测中，是值得深入研究的课题。工作中发现弹性系数法、专家预测法等方法对石化产品未来国内需求的预测较为简便实用；同时，在多年的工作实践中，逐步摸索出了历史消费量曲线拟合法、人均消费量预测法是比较可信且实用的方法。下面以正丁醇、辛醇、苯酚为例，详细介绍这些方法。

3.6.1 弹性系数法

以正丁醇、辛醇为例予以说明，现状数据采集点选取 2010 年，该预测完成于 2012 年。由于正丁醇、辛醇的消费领域主要是丙烯酸酯类、醋酸丁酯、DBP 和 DOP 等，而这些消费领域的发展均与 GDP 关系密切，因此，可根据正丁醇、辛醇的历史消费数据，结合同期 GDP 的发展速度，采用弹性系数法对未来需求量进行预测。

弹性系数=表观消费量增长率/GDP 增长率。其中，对于正丁醇和辛醇，分别采用两种表观消费量增长率数据，A 组表观消费量增长率是按照区间年度表观消费量进行计算，即常规年均增长率的计算(计算方法见 3.4.2)；B 组数据是先计算出对应上年的表观消费量增长率，然后将计算所得到的增长率按照算术平均值计算出区间的表观消费量年均增长率。采用 A 组和 B 组数据是期望采用不同的计算方法获得尽可能准确的弹性系数。

图 3-15 是近 20 年中国丁辛醇表观消费量比上年年均增长率与 GDP 增长率比较曲线。可以看出，每年的表观消费量年均增长率呈剧烈波动态势，但可回归为与 GDP 基本平行的曲线。

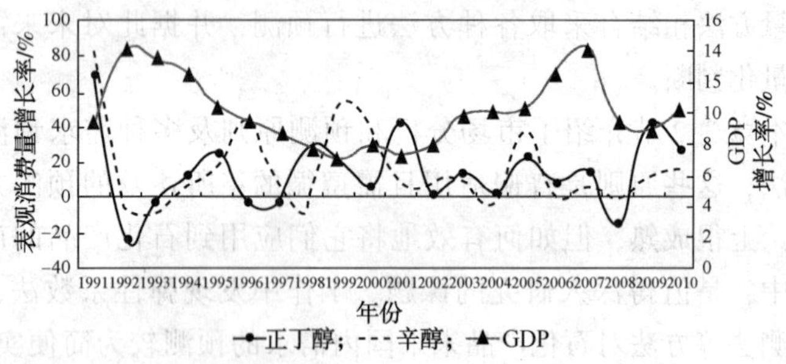

图 3-15　近 20 年中国正丁醇、辛醇表观消费量比上年年均增长率与 GDP 增长率比较曲线

按照弹性系数法预计 2015 年我国正丁醇需求量为 185 万 t，2020 年为 253 万~265 万 t。具体预测过程见表 3-6 和表 3-7。

表 3-6　正丁醇表观消费量弹性系数

时间段	GDP 增长率/%	A 组数据		B 组数据	
		表观消费量年均增长率/%	弹性系数 1	表观消费量年均增长率/%	弹性系数 2
1990—2010 年	10. 16	13. 01	1. 2805	14. 86	1. 4626
1990—2000 年	10. 00	10. 97	1. 0970	13. 36	1. 3360
2000—2010 年	10. 17	15. 09	1. 4838	16. 36	1. 6087
1990—1995 年	12. 02	12. 39	1. 0308	16. 38	1. 3627
1995—2000 年	8. 26	9. 56	1. 1574	10. 35	1. 2530
2000—2005 年	9. 16	15. 92	1. 7380	16. 84	1. 8384
2005—2010 年	11. 18	14. 27	1. 2764	15. 88	1. 4204

表 3-7 弹性系数法预测未来中国正丁醇消费量

序号	项　　目	表观消费量/万 t	表观消费量增长率/%	弹性系数
1	预测基础			
1.1	2010 年	113.9	14.27	1.2764~1.4204
2	预测 2010—2015 年			
2.1	GDP		9.0	
2.2	低限	186	10.35	1.15
2.3	中值	194	11.25	1.25
2.4	高限	208	12.78	1.42
3	预测 2015—2020 年			
3.1	假定 2015 年	185		
3.2	GDP		6.5	
3.3	低限	253	6.5	1.0
3.4	中值	265	7.48	1.15
3.5	高限	274	8.13	1.25
3.6	极高限	290	9.43	1.45
4	2020 年推荐值	253—265		

类似地，按照弹性系数法预计 2015 年我国辛醇需求量为 150 万 t，2020 年为 185 万~190 万 t。具体预测过程见表 3-8 和表 3-9。

表 3-8 辛醇表观消费量弹性系数

时间段	GDP 增长率/%	A 组数据		B 组数据	
		表观消费量年均增长率/%	弹性系数 1	表观消费量年均增长率/%	弹性系数 2
1990—2010 年	10.16	14.07	1.3848	16.05	1.5797
1990—2000 年	10.00	19.62	1.9620	22.79	2.2790
2000—2010 年	10.17	8.78	0.8633	9.31	0.9154

续表

时间段	GDP增长率/%	A 组数据		B 组数据	
		表观消费量年均增长率/%	弹性系数 1	表观消费量年均增长率/%	弹性系数 2
1990—1995 年	12. 02	15. 07	1. 2537	18. 98	1. 5790
1995—2000 年	8. 26	24. 35	2. 9479	26. 60	3. 2203
2000—2005 年	9. 16	10. 87	1. 1867	11. 68	1. 2751
2005—2010 年	11. 18	6. 73	0. 6020	6. 93	0. 6199

表 3-9　弹性系数法预测未来中国辛醇消费量

序号	项　目	表观消费量/万 t	表观消费增长率/%	弹性系数
1	预测基础			
1. 1	2010 年	109. 5	6. 73/6. 93	0. 602~0. 620
2	预测 2010—2015 年			
2. 1	GDP		9. 0	
2. 2	低限	142	5. 40	0. 60
2. 3	中值	176	9. 9	1. 10
2. 4	高限	190	11. 70	1. 30
3	预测 2015—2020 年			
3. 1	假定 2015 年	150		
3. 2	GDP		6. 5	
3. 3	低限	182	3. 90	0. 60
3. 4	中值	193	5. 20	0. 80
3. 5	高限	205	6. 50	1. 00
3. 6	极高限	212	7. 15	1. 10
4	2020 年推荐值	185~190		

3.6.2 历史表观消费量曲线拟合预测法

历史表观消费量曲线拟合法是指以已知发达国家的某个石化产品多年(至少15年)历史表观消费量数据，根据一定时段的历史数据按照数学模型的方法，进行各种曲线拟合，预测已成现实某时间点的消费量，根据曲线拟合预测的消费量和实际消费量的差值，通过比较各种曲线拟合方法如线性、对数、多项式、乘幂等预测结果而寻找最接近实际消费量的曲线拟合法；然后以该石化产品国内近年表观消费量历史数据为基础，选用该曲线拟合方法，同时结合所研究石化产品的消费特点，找出与未来需求量可能最接近的拟合曲线，预测我国该石化产品未来需求量。举例而言，假定已知美国正丁醇1980—2010年间的表观消费量数据，则可选用1980—2000年数据作图，然后进行多种曲线拟合，预测2005年和2010年消费量，比较预测值与实际值，寻找最接近的曲线；以中国1990—2010年正丁醇的表观消费量作为基础数据，采用该曲线拟合方法对未来10年的需求量进行预测，同时，根据经验对预测数据进行修正。

作者自2002年开始摸索、实践、修正此预测方法，多年来应用于多个石化有机原料的市场预测，预测数据随后经过了实践的检验，是一种适用的预测方法。

(1) 以苯酚为例的历史表观消费量曲线拟合预测法

以苯酚为例：鉴于美国苯酚工业相当成熟，首先查找了美国近30年苯酚表观消费量的数据，然后以前20年数据为基础，采用各种拟合曲线对后10年消费量进行预测，将预测值与实际值进行比较，选取最接近实际值的预测方法，应用于中国苯酚需求量预测。

图3-16为美国苯酚表观消费量及各种曲线拟合的预测。图中，系列1为1975—2007年美国苯酚消费量历史及未来预测曲线，其中1975—2002年为历史实际数据，2003—2007年为SRI于2003年对美国未来苯酚消费量的预测数据。系列2为1975—

1995 年美国苯酚表观消费量历史曲线。其余 5 条曲线分别以系列 2 为基础数据，采用线性、对数(与线性拟合曲线重合)、2 级多项式(理论上可采用 2~6 级多项式曲线拟合，但由于 3 级多项式预测值比 2 级预测值略偏高，4 级预测值比实际值过于偏低，5、6 级多项式预测值比实际值过于偏高，因此选取 2 级)、乘幂、指数等 5 种曲线拟合，各种曲线拟合预测值见表 3-10。

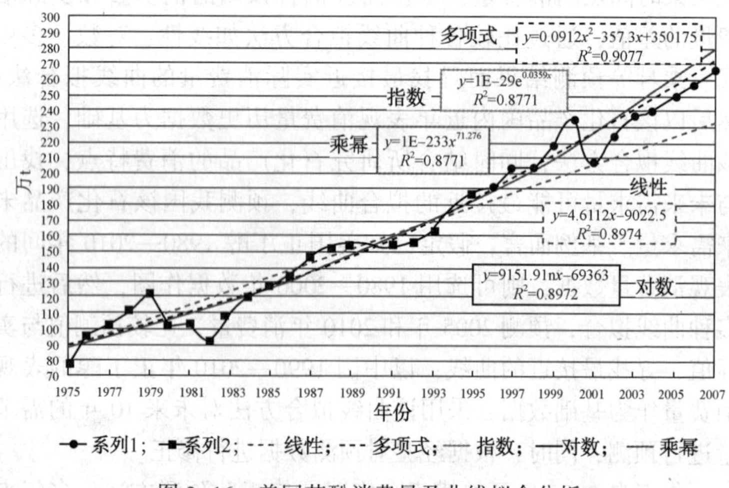

图 3-16 美国苯酚消费量及曲线拟合分析

表 3-10 美国苯酚历史实际消费量与各种曲线拟合法预测值的对比分析

项 目	2002 年/万 t	2007 年/万 t	方程式	偏差 R^2
2002 年实际消费量	224			
SRI 预测		268		
线性	210	232	$4.6112x-9022.5$	0.8974
对数	210	232	$9151.9\ln x-69363$	0.8972
2 级多项式	233	274	$0.0912x^2-3.57.3x+350175$	0.9077
乘幂	235	279	$1E-233x^{71.276}$	0.8771
指数	235	279	$1E-29e^{0.0359x}$	0.8771

从表 3-10 可看出，线性及对数预测方法偏差为负，且预测

的时间越长，误差越大。2 级多项式、乘幂、指数方法偏差均为正。5 种预测方法中，以 2 级多项式偏差最低。因此，中国的苯酚市场需求量预测中可优先考虑采用 2 级多项式。

从美国近 30 年苯酚表观消费量曲线还可以看出，消费量总体呈上升态势，小范围存在小的波动。

下面研究中国苯酚市场。与上述对美国历史苯酚表观消费量及曲线拟合预测的方法类似，目前数据采集点为 2002 年，以 1990—2002 年中国苯酚表观消费量为基础数据，分别采用对数、线性、2 级多项式、指数及乘幂的曲线拟合方法，预测未来 5 年、10 年即 2007 年和 2012 年两个时间点中国苯酚需求量。预测结果见图 3-17 和表 3-11。其中，线性与对数曲线拟合重叠。

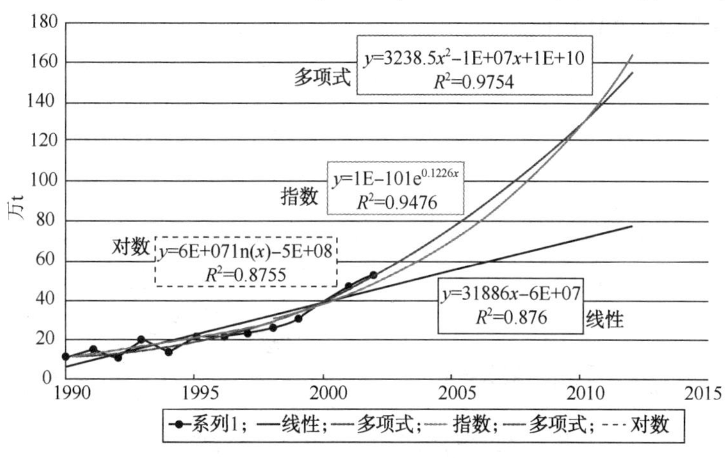

图 3-17　中国苯酚表观消费量及预测

表 3-11　曲线拟合预测中国苯酚需求量　　万 t

项　目	2007		2012	
	曲线拟合	修正值	曲线拟合	修正值
线性/对数	56	60	71	
2 级多项式	86	82	137	134
指数	80	76	140	134

数种曲线拟合方法预测 2007 年中国苯酚需求量为 56 万~86 万 t，修正后为 60 万~82 万 t，作者更倾向于届时中国苯酚需求量为 76 万~82 万 t。

同理，曲线拟合方法预测 2012 年中国苯酚需求量为 137 万~140 万 t，修正后需求量为 134 万 t。

以上预测完成于 2003 年，是受中国石化位于上海的某家生产企业委托完成的市场分析报告。

（2）曲线拟合法对中国正丁醇、辛醇市场的预测

以正丁醇、辛醇为例，目前数据采集点为 2010 年，按照曲线拟合法预计 2015 年中国正丁醇需求量为 160 万~170 万 t，2020 年为 200 万 t。具体预测过程详见图 3-18 和表 3-12。该预测完成于 2012 年。

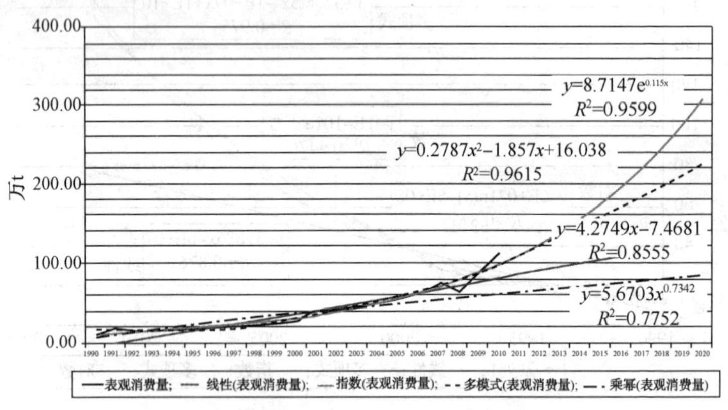

图 3-18　曲线拟合法预测中国正丁醇未来需求量

表 3-12　正丁醇未来需求量曲线拟合预测

项目	2015 年/万 t	2020 年/万 t	方程式	R^2 值	判断
线性	105	146	$4.2749x-7.4681$	0.8555	不符合
指数	175	452	$8.7147e^{0.115x}$	0.9599	部分采纳
多项式	158	200	$0.2787x^2-1.857x+16.038$	0.9615	可以采纳
乘幂	76	118	$5.6703x^{0.7842}$	0.7752	不符合
推荐值	160~170	200			

类似地，按照曲线拟合法预计 2015 年中国辛醇需求量为 125 万 t，2020 年为 146 万 t。具体预测过程详见图 3-19 和表 3-13。该预测完成于 2012 年。

表 3-13　辛醇未来需求量曲线拟合预测

项目	2015 年/万 t	2020 年/万 t	方程式	R^2 值	判断
线性	120	146	$4.9782x-8.2518$	0.9453	部分符合
指数	240	452	$8.6449e^{0.1279x}$	0.958	不符合
多项式	130	206	$0.1693x^2+1.2532+6.0273$	0.9772	部分符合
乘幂	99	118	$4.8064x^{0.9225}$	0.8659	不符合
推荐值	125	146			

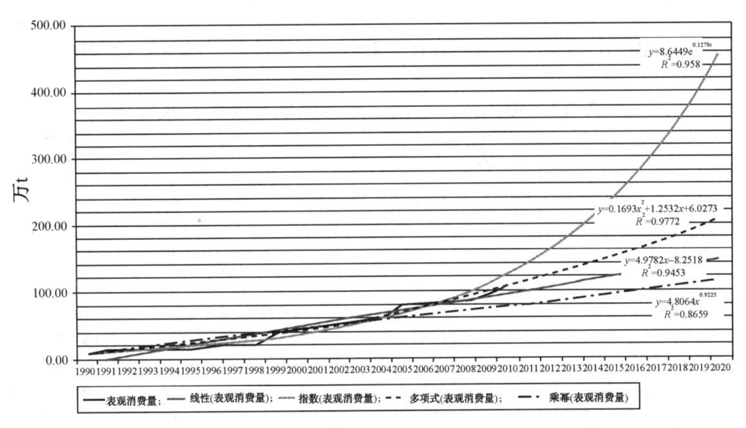

图 3-19　曲线拟合预测中国辛醇未来需求量

3.6.3　人均消费量预测

人均消费量预测法也是经过多年摸索总结出来的适用方法。以正丁醇、辛醇为例，目前时间采集点为 2010 年。丁辛醇的需求量与人均消费量是密切相关的。图 3-20 是 1990—2010 年期间中国丁辛醇人均表观消费量和人口数量的曲线图，可以看出人均消费量逐年攀升。

2010 年中国人口为 1339.7 百万人口，假定 2015 年为 1345.0 百万人口，2020 年为 1350.0 百万人口，引入低值、中值和高值的概念，按照人均消费量预测法，对 2015 年和 2020 年中国正丁醇和辛醇的需求量的预测过程和预测结果详见表 3-14。

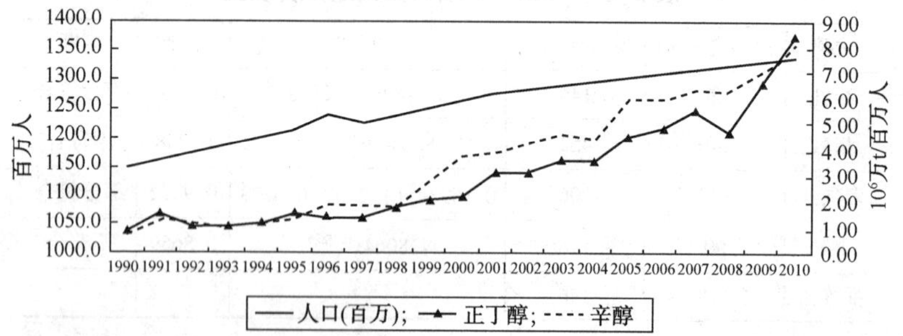

图 3-20　1990—2010 年中国丁辛醇人均消费量与人口曲线图

表 3-14　按人均消费量预测中国丁辛醇的未来需求

项　目	人均消费量/（10^6 万 t/百万人）	正丁醇/万 t	辛醇/万 t
2015 年（预测）			
低值	10. 0	135	135
中值	11. 5	155	155
高值	12. 5	168	168
2020 年（预测）			
低值	12. 5	169	169
中值	13. 5	182	182
高值	15. 5	209	209

也可以发达国家如美国的历史表观消费量、人均消费量为参考依据，预测中国同一石化产品的人均消费量，此处不再赘述。

3.6.4 专家预测法

作者曾对多位国内外从事丁辛醇生产、工程设计、市场分析、产品销售、技术许可转让、贸易、信息及管理的资深人士，采用面对面讨论、电话沟通等各种方式进行交流和讨论，大部分专家对未来丁辛醇市场消费量预测数据可归纳为：2015 年中国正丁醇和辛醇的需求量各为 140 万～150 万 t 左右；2020 年需求量各为 180 万 t 左右。以上预测完成于 2012 年。

按照 SRI 于 2011 年发布的 WP 报告预测，2015 年中国正丁醇需求量为 110 万 t，辛醇为 137 万 t；2020 年正丁醇为 126 万 t，辛醇为 189 万 t。

3.6.5 细分市场预测法

除前述详细阐述的各种定量或定性预测方法，按照产品的细分市场，根据消耗值、下游装置生产能力与开工率等进行各消费领域的未来需求预测也是石化产品市场预测中必不可少的方法之一，3.4.3 的现状分析中有详细阐述，不同的是将现状调整为对未来的预测，此处不展开赘述。

3.7 供需平衡分析与实证预测准确度检验

3.7.1 供需平衡分析

在前述供需现状分析和未来预测基础上，进行归纳总结，提出对该石化产品供应态势的定性及定量结论。

以正丁醇、辛醇为例，综合前述弹性系数法、曲线拟合法、人均消费量法、专家预测法等多种预测方法，对未来中国正丁醇需求进行预测，预计 2015 年中国正丁醇需求量为 150 万～160 万 t(SRI 的预测值为 110 万 t，有一定偏差)，与届时生产能力 165 万 t/年相比，供求基本平衡。预计 2020 年中国正丁醇生产能力 195 万 t/年，需求量 185 万~190 万 t，供需基本平衡。

类似地，综合各种市场预测方法，预计 2015 年中国辛醇需求量为 140 万~145 万 t(SRI 预测值为 137 万 t，基本相当)，与届时生产能力 145 万 t/年相比，供求基本平衡。预计 2020 年中国辛醇生产能力 172 万 t/年，需求量 175 万~180 万 t，供需基本平衡。

综合分析，未来 5 年中国丁辛醇市场将由预测基准点(2010 年)的供不足需转变为供需基本平衡。前述的预测基点、各种预测方法的预测结果及推荐值详见表 3-15。

表 3-15　我国正丁醇、辛醇未来供需预测　　万 t

项　目	正丁醇	辛醇
2010 年(预测基点)		
生产能力/(万 t/年)	76.5	87.5
产量	52	64
消费量	114	110
2015 年(预测)		
需求推荐值	150~160	140~145
弹性系数法	185	150
曲线拟合法	160~170	125
人均消费量	155	155
专家一　预测法	140~150	140~150
专家二　SRI 预测法	110	137
供应推荐值/(万 t/年)	165	145
供应预计/(万 t/年)	165	145
供需态势	供需基本平衡	供需基本平衡
2020 年(预测)		
需求推荐值	185~190	175~180

续表

项　　目	正丁醇	辛醇
弹性系数法	253～265	185～190
曲线拟合法	200	146
人均消费量	182	182
专家一　预测法	180	180
专家二　SRI 预测法	126	189
供应推荐值/(万 t/年)	195	172
供应预计/(万 t/年)	195	172
供需态势	供需基本平衡	供需基本平衡

以上预测基准、研究结论完成于 2012 年。这种表述方式和内容均可供市场分析人员借鉴。

3.7.2　预测准确度校验

根据已经成为现实的数据，可以对预测数据进行验证。

以丁辛醇为例，2015 年正丁醇实际生产能力为 247 万 t/年，预测值为 165 万 t/年；表观消费量实际为 165.6 万 t，预测值为 150 万～160 万 t。2015 年辛醇实际生产能力为 216 万 t/年，预测值为 145 万 t/年；表观消费量为 165 万 t，预测值为 145 万 t。可以看出，预测的生产能力误差相对较大，说明当初对拟建装置市场调研不足或由于经济效益的巨大推动力，随后建设的装置比预期的多。消费量预测值尤其正丁醇的预测相当准确，验证了作者前述的未来需求预测方法的适用性。

以苯酚丙酮为例，完成于 2003 年为中国石化位于上海的某生产企业所作的市场分析及预测研究结论见表 3-16，其中，基准数据采集点为 2002 年，预测 2007 年中国苯酚生产能力 63 万 t/年，有效生产能力 58 万 t/年，需求量 80 万 t；丙酮生产能力 38 万 t/年，需求量 50 万 t。

表 3-16　以 2002 年为基准预测 2007 年我国苯酚/丙酮需求量　　万 t

预测方法	苯酚	丙酮
相关系数法	79~86	50~60(50~55)
曲线拟合法	76~82	43~58
细分市场	68~73	37~41
SRI 的预测	63①	46
综合预测需求量	80	50
生产能力/(万 t/年)	63/有效生产能力 58	38
供需态势	缺口 22	缺口 12

①原报告终稿中未列该数据，但当时数据库中存有该数据。

2007 年中国苯酚实际生产能力为 64 万 t/年，预测值为 63 万 t/年；表观消费量实际是 101 万 t，预测值是 80 万 t(SRI 预测值是 63 万 t)。同期丙酮实际生产能力为 37.6 万 t/年，预测值为 38 万 t/年；表观消费量实际是 82 万 t，预测值是 50 万 t(SRI 预测值是 46 万 t)。当时对苯酚/丙酮生产能力的预测值相当准确，说明前期拟建项目的调研非常充分，加之 2010 年前投资石化项目时资金筹措相对难度较大，拟建装置的供应预测变数相对较小。同时，也可以看出，SRI 专家对国内需求量的预测虽可以作为参考，但是国内市场人员的分析预测更重要。

从上述两个实际例证可以看出，石化产品市场供应、需求预测准确度难度均较大。

供应方面，由于目前资本市场的运作比较发达，石化产品原料来源的多样性大大加强，增加了拟建项目的不确定性。譬如丙烯原料的来源不仅局限于过去传统的炼厂丙烯和蒸汽裂解装置，还可以来源于煤基替代能源的 MTO 或 MTP，也可来源于丙烷脱氢制丙烯技术。其中，UOP 公司开发的丙烷脱氢制丙烯技术已在中国大陆转让数套，2017 年 11 月 8 日美国总统特朗普首次访问中国期间，所签署的 2535 亿美元大单中，就包括东华能源公司与 UOP 签署的 7 个丙烷脱氢装置(含 2 个已建成项目)

的技术许可协议。因此，在供应预测中，对于投资热点装置，在尽可能获得拟建装置项目计划前提下，要考虑一定的系数，而非简单的将现有装置与拟建装置生产能力予以加和。

对于未来需求量的预测，要采用各种方法进行综合预测，引入低值、中值和高值的概念，并根据专业人员的分析判断，提出预测值。对未来的预测不可能是绝对准确，但作为市场分析专业人员，要建立自己的数据库，分析总结预测结果，不断修正预测方法，以期尽可能提高预测准确度。

第 4 章 石化产品市场周期规律及投资时机研究

从石化行业的发展历程来分析，其景气情况呈现波动性，且这种变化具有一定的规律可循。石化行业景气状况通过市场变化反映出来，其变化过程一般经历经济形势演变、产品需求量增减、市场价格涨跌、装置开工率升降、产品产量增减、销售量增减、行业效益改变、产能扩大或缩减、供应量增减、产品供需态势逆转、市场价格反向变化、行业效益反向变化、经济形势反向演变。在市场变化这一系列环节中，产品价格是最为敏感的因素之一。掌握了价格变化规律，就可以推测市场变化情况，进而预测石化行业景气状况；而且产品价格是影响投资效益的直接因素，对投资决策具有重要意义。因此本章首先对石化产品市场价格走势进行研究，以期总结出规律性；接着分析石化市场的主要影响因素，包括经济形势、原油价格等；同时对可能与石化市场相关联的因素进行分析，包括股票市场、贵金属市场价格走势等；最后对石化项目投资时机做初步推测。产品产量、装置开工率等因素的分析，与产品价格分析方法类似，读者有兴趣可以自行研究，本书不再赘述。

4.1 石化产品价格周期规律分析

石化产品市场价格具有周期性变化的特征。将 1986—2016 年期间中国部分石化产品的年度平均价在图 4-1 中绘出，可以看出这段时间价格峰值出现 4 次，分别在 1988—1989 年、1995 年、2007 年、2010—2011 年。第一个峰值与第二个峰值相隔6~7 年，第二个峰值与第三个峰值相隔 12 年，第三个峰值与第四个峰值相隔 3~4 年。借鉴本书第三章介绍的延伸性预测法理念，由近 30 年中国部分石化产品年度均价走势推测，石化产品市场价格可能呈现“短周期”与“长周期”交替出现的特点，短周期时间跨度不超过 7 年，长周期时间跨度在 12 年左右。

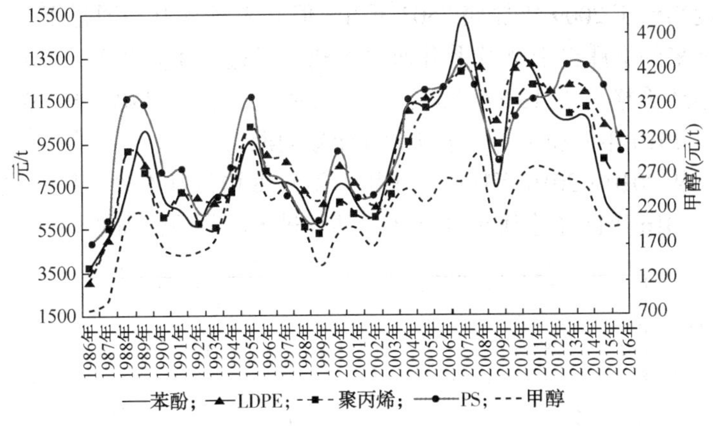

图 4-1　1986—2016 年中国部分石化产品市场年度平均价

下面选取苯酚为例进行具体研究。1986~2016 年期间中国苯酚价格走势如图 4-2 所示。由图可见，30 年来其价格整体趋势是上涨的，价格高点和低点均振荡上移，形成了“上升通道”。这种走势与同期物价指数的总体上涨趋势是基本吻合的。

从 1986 年至 2016 年，中国苯酚年度均价的第一个高点(10102 元/t)出现在 1989 年，接着开始下降。此轮下降持续时间短，约 3 年时间，于 1992 年达到价格低点 5729 元/t，但并未触及上升通道下轨就转而开始上涨。同样此轮上涨时间也较短，约 3 年左右，于 1995 年达到价格高点 9595 元/t，价格高点也未触及上升通道上轨便结束上涨。这就形成了 6 年左右的短周期。

从 1995 年价格高点开始，中国苯酚年度均价又开始下降。此轮下降持续时间略长，4 年左右，于 1999 年达到价格低点 5608 元/t，此价格低点触及到上升通道下轨，然后开始上涨。此轮上涨持续时间较长，8 年左右，中间虽有上下波动但整体上涨趋势未变，于 2007 年达到价格高点 15220 元/t，此价格高点触及到上升通道上轨才结束上涨。这就形成了 12 年左右的长周期。

从 2007 年开始，其价格又开始快速下降，经过 2 年左右，年度均价于 2009 年探底 7503 元/t，但并未触及上升通道下轨。接下来的上涨也未触及上升通道上轨，经过 1 年多时间于 2010 年达到价格高点 13466 元/t，此后结束上涨。可以说，从 2007 年至 2010 年又经历了一个新的 3 年短周期。

从 2010—2016 年期间，中国苯酚年度均价基本处于跌势之中，2016 年已经达到 5838 元/t，估计进入了新的长周期。

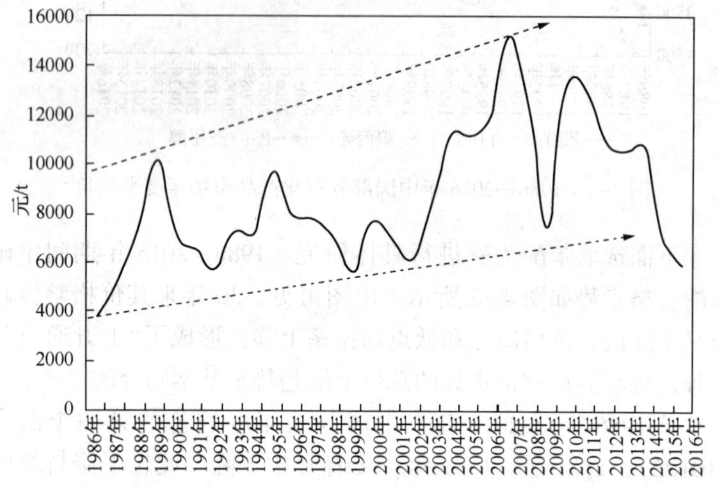

图 4-2　1986—2016 年中国苯酚市场年度平均价

再以聚丙烯为例进行具体分析，以使研究方法更明确、结论更有代表性。1986—2016 年期间中国聚丙烯价格走势如图 4-3 所示。由图可见，30 年来其价格整体趋势也是上涨的，价格高点和低点均振荡上移，也形成了自己的“上升通道”。这种走势与同期物价指数的总体上涨趋势是基本吻合的，与前文中国苯酚的价格走势相似。

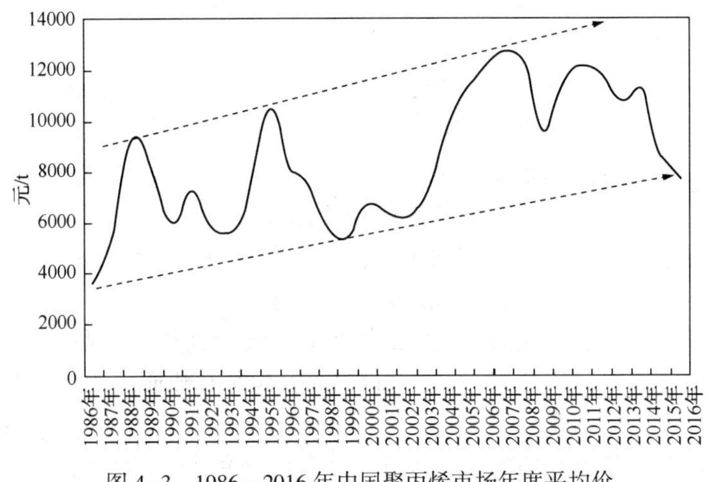

图 4-3　1986—2016 年中国聚丙烯市场年度平均价

1986—2016 年期间，中国聚丙烯年度均价的第一个高点出现在 1988 年，是 9290 元/t，接着开始下降。此轮下降持续 5 年左右，经两轮探底，于 1993 年达到价格低点 5619 元/t，但并未触及上升通道下轨就转而开始上涨。此轮上涨较快，时间也较短(2 年左右)，于 1995 年达到价格高点 10367 元/t，价格高点也未触及上升通道上轨便结束上涨。这就形成了 7 年左右的短周期。

从 1995 年价格高点开始，中国聚丙烯年度均价又开始下降。此轮下降持续时间约 4 年左右，于 1999 年达到价格低点 5428 元/t，此价格低点触及到上升通道下轨，然后开始上涨。此轮上涨持续时间较长，约 8 年左右，中间经历了振荡上涨到连续上涨的过程，于 2007 年达到价格高点 12758 元/t，此价格高点触及到上升通道上轨，之后上涨结束。这就形成了 12 年左右的长周期。

从 2007 年开始，其价格又开始快速下降，经过 2 年左右年度均价于 2009 年达到 9570 元/t 的低点，但并未触及上升通道下轨。接下来经过 2 年左右上涨，于 2011 年达到价格高点

12201 元/t，未触及上升通道上轨，此后结束上涨。可以说，从2007 年至 2011 年又经历了一个新的 4 年短周期。

从 2011 年至今的 5 年，中国聚丙烯年度均价呈振荡下跌之势，2016 年已经达到 7669 元/t，估计进入了新的长周期。

前述以中国苯酚和聚丙烯两种石化产品为例，分析总结了它们市场价格的变化规律：市场变化具有周期性特征；可能发生长、短周期交替出现的情况；长周期内，产品价格上升、下降时间均相对较长，可能触及上升通道上、下轨，整个周期时间跨度相对长，可能长达 12 年左右；短周期内，产品价格上升、下降时间均相对较短，可能触及不到上升通道上、下轨，整个周期时间跨度相对短，一般不超过 7 年。曾有研究人员提出石化产品市场周期为 7~9 年，作者的研究结论与此不同。

其他石化产品也存在类似的变化规律，当然高低价格出现的时间可能略有不同，变化周期长短可能亦略有差别，读者可以参考上述方法自行研究。

4.2 市场直接影响因素分析

本节以聚丙烯为例，分析经济形势以及原油价格等因素对石化产品市场的影响，以期发现可能的规律。

4.2.1 石化产品价格与经济形势

自 1986 年以来，世界经济整体呈现了振荡增长的过程，如图 4-4 所示。世界经济走势与国际政治经济形势尤其是美国的形势密切相关。20 世纪 80 年代随着信息技术的应用，发达国家开始步入了发展的黄金时期，20 世纪 90 年代开始，美国经济经历了将近 10 年的长周期增长，带动了世界经济稳定增长。随后经历了 911 恐怖袭击事件的打击，世界经济增速短暂波动，之后增长又逐渐加快。此后一些国家出现了通货膨胀，世界特别是美国经济泡沫明显。2008 年美国爆发次贷危机并引发全球金融危机，世界经济遭受重创，一度出现负增长。

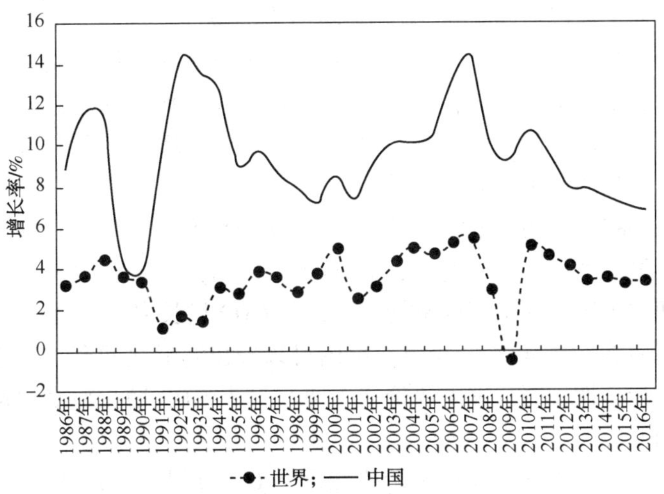

图 4-4　1986—2016 年世界及中国 GDP 增长率变化情况

此次经济危机之后的数年间，全球经济复苏缓慢，国际金融市场大幅波动，各国采取了不同的刺激政策，新兴经济体国家率先恢复经济增长，美国也止住了经济衰退的势头，世界经济整体上已基本渡过最差时期。具体来看，美国连续实行了三轮量化宽松货币政策，经济艰难复苏；日本经济因地震、海啸及核泄漏等事件，连续负增长，实行“安倍经济学”后有所企稳；欧洲主权债务危机反复，受难民等问题困扰，各国经济走势分化，近期在德国带动下经济有所好转；主要新兴市场国家经济增速普遍回落，但下滑势头已明显减缓。

20 世纪 80 年代，中国由计划经济向市场经济转轨，一度很多商品的价格放开，促使整体价格全面上涨。国家采取了控制通货膨胀措施，很快出现了“市场疲软”。当时经济增长速度明显放缓，由 1988 年的 GDP 年均增长率 11%以上，下降到 1990 年的不足 4%。随着我国启动投资等措施，经济增长速度急速上升，1992 年创出 14%以上的历史高值，此后又逐步下降，直到 2000 年。期间我国大部分时间计划经济占主导地位，所以经济走势与世界经济有所不同。

从 2000 年开始，我国逐渐转向以市场经济为主，并加入了 WTO，经济走势与世界情况基本相似。2008 年中国也受到了世界金融危机的冲击，但由于政府及时采取了加大基建投资等多种刺激措施，经济虽有所减速但并未出现负增长，且中国 GDP 增长率远高于世界 GDP 增长率。

1986—2016 年世界及中国 GDP 增长率变化曲线见图 4-4。

石化产品价格走势与经济形势密切相关。现将 1986—2016 年期间中国聚丙烯年度平均价、世界 GDP 增长率、中国 GDP 增长率曲线在图 4-5 中绘出。由图可以看出它们之间存在一定程度的吻合性，而且聚丙烯价格走势与世界 GDP 增长率变化情况更相似。

观察图 4-5 中聚丙烯价格和世界 GDP 增长率两条曲线，从 1986 年开始，聚丙烯年度均价上涨，第一个高点在 1988 年，同期世界 GDP 增长率也上涨到高点；接着聚丙烯价格开始下降，于 1993 年达到低点，同期世界 GDP 增长率也降到低点；随后聚丙烯价格上升，于 1995 年达到高点，世界 GDP 增长率于 1996 年上涨到局部高点；之后二者均下降，聚丙烯价格于 1999 年达到低点，世界 GDP 增长率于 1998 年达到局部低点；二者从此开始了较长时间和较大幅度的上涨，均于 2007 年到达最高点；随后快速下跌，均于 2009 年降到低点；接着迅速反弹，然后振荡下滑。可见聚丙烯价格走势与世界 GDP 增长率变化情况高度相似。

中国早期实行计划经济，20 世纪商品价格与 GDP 增长率关联性不大。观察图 4-5 中聚丙烯价格和中国 GDP 增长率两条曲线，发现 2000 年前聚丙烯价格与中国 GDP 增长率关联性不大，2000 年后二者关联性显著提高。随着中国 GDP 增长率逐年上升，聚丙烯价格也不断上涨。临近 2007 年时世界经济过热，中国经济也不断增长，多数商品价格上涨，聚丙烯价格也随之上升。随着金融危机到来，世界经济迅速冷却，我国 GDP 增长也明显减慢。此期间有些行业陷入负增长，聚丙烯价格也大幅下滑。此后，世界经济在发展中国家带动下缓慢回升。我国采取积极的财政政策，各行业的景气度快速回升，聚丙烯价格再次上扬。近年来中国 GDP 增长率下降，经济呈现 L 型走势，聚丙烯价格也逐渐回落。

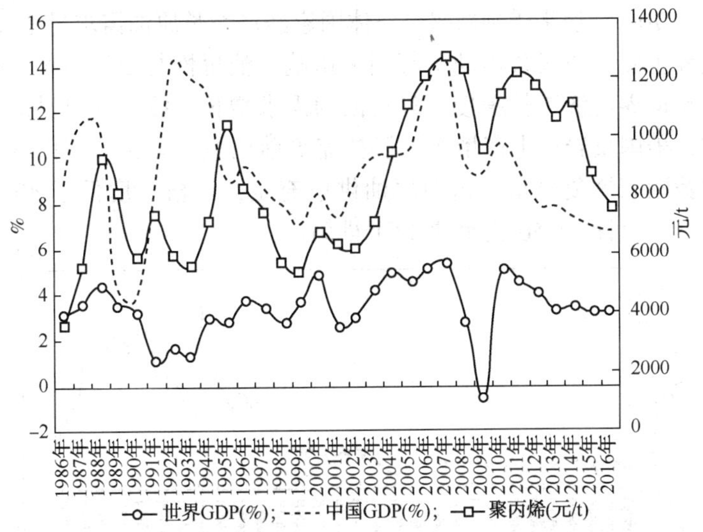

图 4-5　1986—2016 年聚丙烯年度均价、世界及中国 GDP 增长率变化情况

通过上述以聚丙烯为例进行的分析，总结出石化产品价格与经济形势是正相关的，经济形势向好则石化产品价格上涨，经济形势转差则石化产品价格下跌。可以说经济形势是影响石化产品市场的主要因素或决定性因素之一。因此，投资石化行业，分析石化产品市场，必须要研究经济形势。

4.2.2　石化产品价格与原油价格

石化产品均是以原油为最基础原料而加工生产的，二者的关联性较为明显，所以本节分析二者之间的关系。

世界原油三分之二以上的交易量，是以伦敦国际石油交易所(IPE)推出的北海布伦特(Brent)原油为基准油作价。图 4-6 为 1986 年以来布伦特原油月平均价格走势。回顾历史，1970 年时原油不足 2 美元/桶，2008 年 7 月布伦特原油均价一度涨到了创纪录的 134 美元/桶。2008 年金融危机爆发，原油价格随之迅速下跌，2008 年 12 月布伦特原油月均价格跌为 40 美元/桶，跌幅达 70%。后来受到新兴经济体国家经济增长原油需求量增加、世界主要产油区政治动荡等因素影响，油价恢复上涨行情。近些年世界经济增长缓慢，对石油的需求增长放缓。同时供应增加，美国页岩油出产增多，伊拉克等前期战乱国家和伊朗等受制裁国家恢复供应。这使原油供应充足，价格一度低于 40 美元/桶，目前在 50 美元/桶以上徘徊。

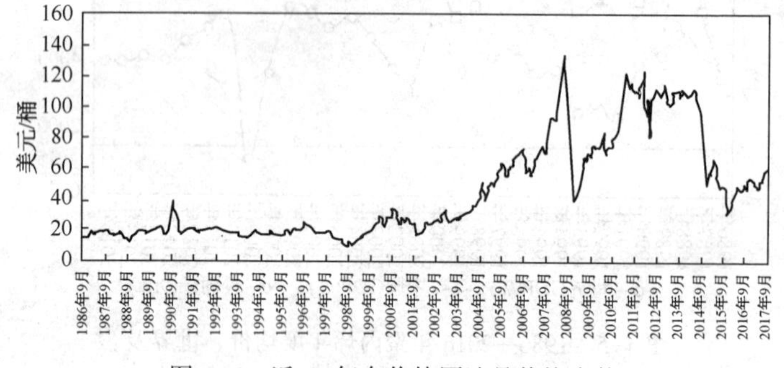

图 4-6　近 30 年布伦特原油月价格走势

原油价格与其他商品价格一样，随供求关系而变化。分析世界原油供求历史，可知影响原油供求的首要因素是战争，20 世纪 70 年代的中东战争(1973 年)、两伊战争(1979 年)和 90 年代初的海湾战争(1990 年)促发了三次石油危机，均使当时的油价大幅上涨。其次是经济因素对油价的影响，1997—1998 年亚洲经济危机、2008 年美国次贷危机引发的全球金融危机，油价均有较大幅度的回落。此外，一些突发事件也对油价产生过较大影响，如 911 事件等短期内均引起了油价波动。

1986 年以来布伦特原油年均价格与聚丙烯年均价格曲线详见图 4-7，从图中分析，近 30 年来原油价格与聚丙烯价格涨跌方向大体一致，近 20 年二者价格走势基本相同，显示出正相关性。事实上，原油作为石化产品的最基础原料，是影响石化产品价格的另一个重要因素。研究石化产品市场应该同时研究原油市场状况。

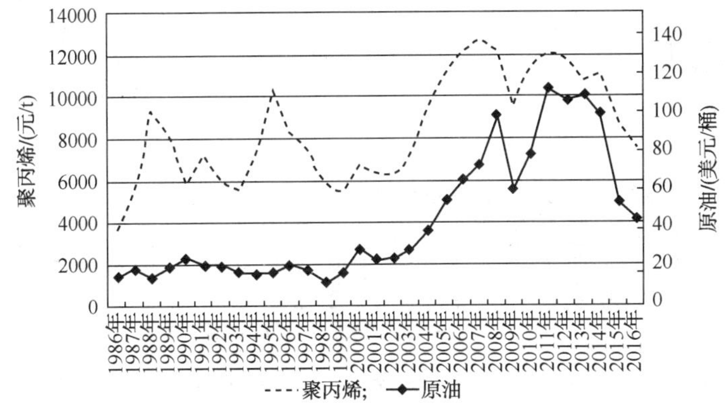

图 4-7　近 30 年来原油价格与聚丙烯价格走势

4.3　市场其他关联因素分析

本节以聚丙烯为例，分析石化产品与股价指数、黄金、贵金属铑的市场价格关联性，以期发现可能的规律。

4.3.1　石化产品价格与股价指数

石化产品市场状况取决于经济发展形势，而股票市场被称为经济的晴雨表，理论上其变化情况能够反映经济活动的变化趋势。本节研究石化产品价格与股票价格的关系。

某个时期股市总价格水平是由股票价格指数动态反映的，由众多股票采用算术平均法、加权平均法或几何平均法计算出了股票价格指数。世界各地股票市场均有其股价指数，美国道琼斯指数是世界上历史最为悠久、影响最为广泛的股价指数。通常所说的道琼斯指数是指道琼斯 30 种工业股票平均价格指数

(Dow Jones Industrial Average Indexes)，它以 1928 年 10 月 1 日为基期计算，至今已连续记载 90 年，详见图 4-8。

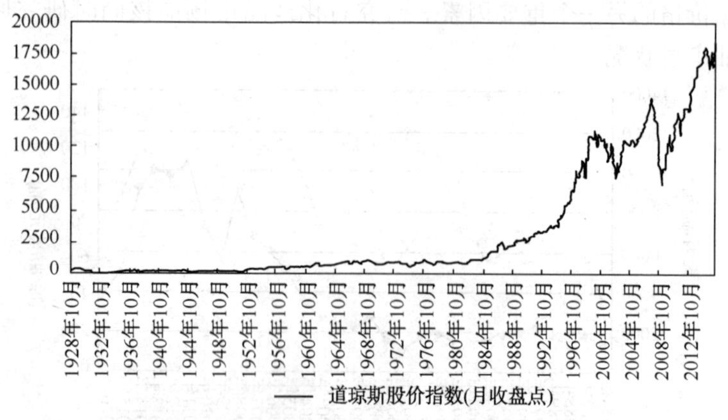

图 4-8　1928 年至今 90 年道琼斯股价指数

回顾道琼斯股指的近百年历史，其走势与国际特别是美国的政治经济形势密切相关。1929—1933 年西方经济大萧条，道琼斯股指一度大跌；20 世纪五六十年代美国等国家进入发展黄金时期，股指向上连续突破 1000 点、2000 点；1987 年 10 月 19 日道琼斯股指一天狂跌 508 点，日跌幅达 22.61%；自 20 世纪 90 年代美国经济进入长达 100 多个月的长周期增长，道琼斯股指节节攀升，于 1999 年 3 月首破 10000 点大关；“911”事件的发生使道琼斯股指迅速下跌至 8236 点；之后随着美国经济逐渐回暖，2003 年年末道琼斯股指重返 10000 点，2007 年 10 月达到 13930 点的最高收盘点位，此时大宗商品价格高涨，一些国家经济泡沫明显；2008 年美国次贷危机爆发，世界经济遭受重创，道琼斯股指暴跌到 2009 年 2 月的 7063 点；近年各国相继采取了不同的刺激政策，美国经济开始稳步增长，世界经济整体已走出最低迷区，道琼斯股指在万点附近巨幅振荡后加速上升，目前已经突破 20000 点。

1986 年至今 30 年间的道琼斯股价指数和聚丙烯年度均价曲

线详见图 4-9。从图中曲线分析可知，道琼斯股价指数经历了长期缓慢攀升、快速上升、高位大幅振荡、继续上涨的走势；聚丙烯价格在 1999—2011 年间与股指表现相似，其余时间走势不同。

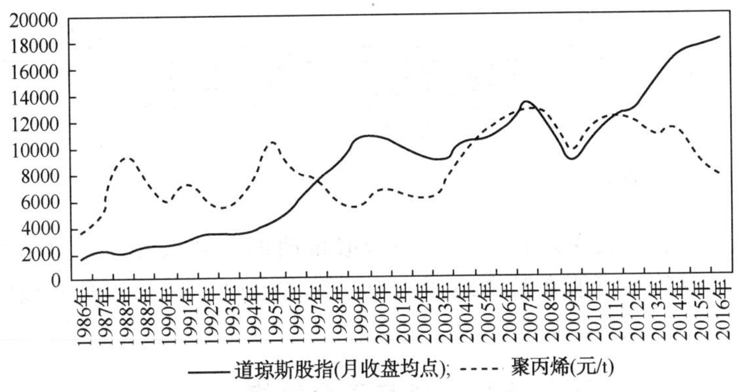

图 4-9　近 30 年道琼斯股价指数与聚丙烯价格走势

随着中国实行社会主义市场经济，股票及其交易也应运而生。1990 年上海证券交易所和深圳证券交易所先后成立，标志着中国股票市场的建立。1990 年至今近 30 年中国上证指数和聚丙烯年度均价曲线详见图 4-10。从图中可以看出，上证指数首先缓慢攀升，继而快速上升，于 2007 年 10 月创出新高 6124 点（当年各月收盘指数平均值 4329 点），然后回落至 2008 年 10 月的 1664 点（当年各月收盘指数平均值 2913 点），再次反弹后于 2015 年 6 月达到 5178 点（当年各月收盘指数平均值 3657 点），再次快速下跌，在国家出台多项措施后企稳，目前位于 3300 点以上。聚丙烯价格在 1999—2011 年期间与股指表现相似，其余时间走势不同。这主要是因为中国股市设立时间较短，还不够规范，投资者亦不够成熟，投机性较强，没有准确反映经济形势变化情况。

以上分析可以得出，美国股市价格指数在一定时段内基本可以反映其国家经济整体情况或预期，但具体到中国的某种石

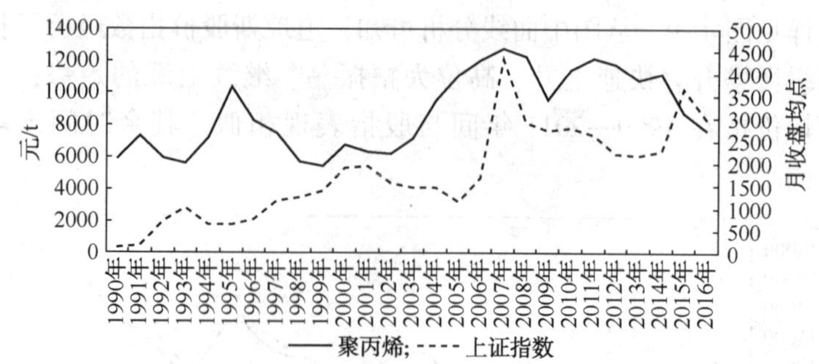

图 4-10　1990—2016 年上证指数与聚丙烯价格走势

化产品，与其关联性不高。中国股市前期不够成熟，与单个石化产品价格可能在某个时段内有一定关联性，在另一个时段内无明显关联性，需继续跟踪研究。

4.3.2　石化产品价格与黄金价格

在近两个世纪的历程中，黄金价格的波动性与趋势性呈现出了不同时期的不同特点。1833—1932 年的 100 年时间里，黄金价格一直处于 20.6 美元/盎司左右；此后直到 1970 年基本维持在 35 美元/盎司上下；自 1970 年 9 月份开始黄金价格逐步上涨，1980 年创出 850 美元/盎司的高价。1981 年黄金价格开始下跌，1999 年 7 月跌到 256 美元/盎司。从 2002 年起，黄金价格由稳步攀升过渡到快速上涨，于 2011 年 9 月创出了 1771 美元/盎司的历史最高月均价。此后在高位持续波动 2 年左右开始新一轮下跌，曾下跌至 1000 美元/盎司左右，目前处于 1300 美元/盎司左右。1833 年至今世界黄金价格曲线图详见图 4-11。

从商品、货币、经济、价值规律论，黄金的价格由总供给与总需求状况决定。由于黄金既具有商品属性又具有金融/货币属性，因此影响其供求关系的因素较多。回顾近两个世纪黄金市场价格经历的起伏波动，可以看出其价格影响因素可分为：主要影响供给的因素包括产量、存储量、销售量等；主要影响需求的因素包括饰金、工业、投资等；供求均影响的因素包括

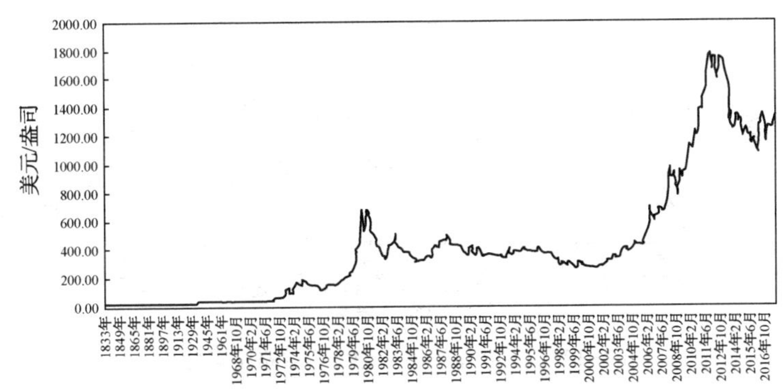

图 4-11　1833—2017 年世界黄金价格曲线图

经济、政治、军事等方面。

前几年黄金价格大幅上升，分析主要有五方面原因。其一，2008 年以前世界经济不断增长，2006 年、2007 年世界 GDP 年均增长率分别达到 5.1%和 5.3%，很多国家出现通货膨胀迹象，一些机构和个人为了资产保值而购入黄金；其二，2008 年发生世界金融危机，美国等发达国家经济复苏缓慢，部分欧洲国家危机继续深化，投资者持有黄金规避风险；其三，美国连续推出三轮量化宽松货币政策，主要储备货币美元持续贬值，欧元区存在解体风险，一些国家转而增储黄金；其四，多次发生局部战争，如阿富汗、伊拉克、利比亚等，不稳定的地区形势也使人们更愿意持有黄金资产；其五，投机因素。近年黄金价格下跌的主要原因是通货膨胀因素暂时不再，2008 年金融危机的避险情绪消除，美国退出量化宽松货币政策并开启加息进程，以及投机因素减少等。

现将 1986 年至今 30 年间的黄金年均价和聚丙烯年均价绘于图 4-12 中。从图中分析可知，黄金价格经历了上升、波动、再上升、又回落的过程，整体呈现上升趋势；聚丙烯价格呈周期性波动，整体趋势也是向上的；但二者中短期走势没有明显相关性，黄金价格对分析中短期石化产品价格的参考价值不大。

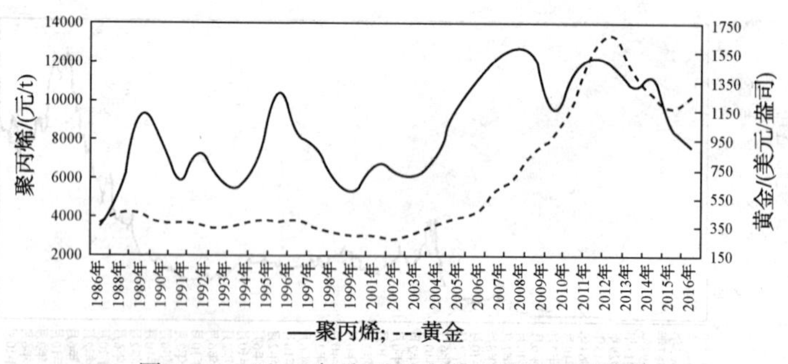

图 4-12　近 30 年聚丙烯和黄金价格走势曲线

4.3.3　石化产品价格与贵金属铑价格

作为 8 种贵金属之一的铑，其年产量不足同为 8 种贵金属之一的黄金年产量的 4‰，是世界最稀有的天然金属之一，其财富象征地位高于黄金和铂金。贵金属铑储量少、提炼复杂、产量低，但性能优越，在石化工业有一定用途。它是目前主流丁辛醇生产工艺中丙烯羰基合成单元生产正丁醛必不可少的催化剂。铑金属价格高昂且易受多种因素影响而波动较大。据伦敦金属交易市场数据，自 1972 年至今的 45 年间，金属铑的价格大起大落，类似过山车。金属铑月均价最高值为 9745 美元/盎司，最低值为 182 美元/盎司，最高价与最低价相差 9563 美元/盎司，最高价是最低价的 53. 5 倍。近 45 年铑金属价格曲线如图 4-13 所示。

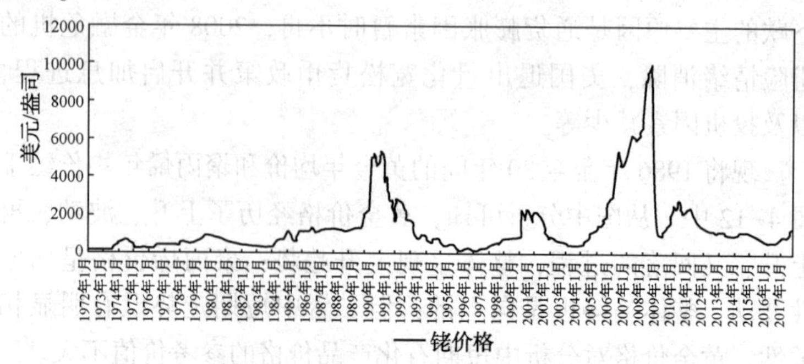

图 4-13　近 45 年铑金属价格曲线

从图 4-13 可以看出，45 年间金属铑价格走势大致可以分为 5 个阶段。1972—1989 年的 18 年间价格不断上升，累计上涨 1448 美元/盎司，年均涨幅 41. 3%；1990—1992 年出现第一次脉冲式冲高回落走势，最高价 5347 美元/盎司，最低价 1682 美元/盎司，波动幅度 217. 9%；1993—2004 年的 12 年间价格低位大幅振荡，最高价 2453 美元/盎司，最低价 182 美元/盎司，振荡幅度 1247. 8%，即 12 年间最高价是最低价的 13. 48 倍；2005—2008 年出现第二次脉冲式冲高回落走势，最高价 9745 美元/盎司，最低价 1022 美元/盎司，变化幅度 853. 5%，即短期脉冲间最高价是最低价的 9. 54 倍；2009 年至今，价格首先在 1000~2800 美元/盎司之间振荡，然后缓慢走低，月均价曾达到 597 美元/盎司，现在 1000 美元/盎司一带盘整。

现将 1986 年至今 30 年间的金属铑年均价和聚丙烯年均价绘于图 4-14。由此图可知，1999 年以前二者相关性不大；从 1999 年开始二者走势存在明显的趋同性，但铑的价格振荡幅度更大。铑作为石化装置丁辛醇生产过程中羰基合成单元的催化剂，与石化产品价格具有一定关联性。这一观点应该引起投资者和生产企业重视。

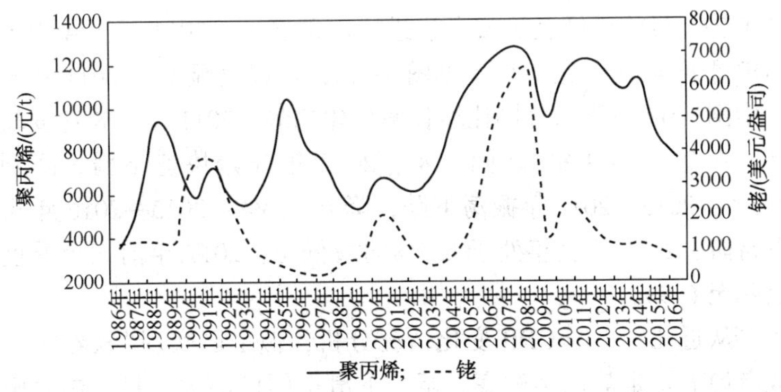

图 4-14　近 30 年聚丙烯和铑金属价格走势曲线

4.4 石化行业投资时机研究

石化行业发展有其自身规律和特点，投资石化行业必须遵循这些规律，根据其特点准确把握投资时机。本节将从经济发展形势、原油价格走势、其他关联因素、石化市场周期性等方面对石化行业的投资时机进行研究。

4.4.1 经济形势分析

2008 年经济危机后，随着各国采取积极的应对策略，目前世界经济已经有所好转。美国通胀企稳，就业率走高，已进入加息周期，从 2015 至今已经加息 4 次；欧洲开始冷静面对英国脱欧等事件，经济基本脱离了最糟境况，整体而言止住了下滑势头；新兴经济体国家虽然情况各不相同，但大部分国家的经济形势已经企稳。

近年来，中国受到世界经济的负面影响，经济增长面临下行压力。中国政府稳步推进供给侧结构性改革，落实去产能、去库存、去杠杆、降成本、补短板五大任务。经济运行呈现 L 型走势，目前已经企稳或者说进入底部区域。2011 年至今中国 GDP 季度累计同比增长率见图 4-15，可以明显看出 2011 年至今中国 GDP 季度累计同比增长率变化趋势。2011 年增长速度较高，在 9.5%～9.8%之间波动；2012 年开始快速下滑，降到 7.6%；2013—2014 年振荡下跌，降到 7.3%；2015—2016 年再下台阶，2016 年全年处于 6.7%的最低位；2017 年前三个季度反弹至 6.9%。

从近几年中国 GDP 变化情况分析，似乎已实现“软着陆”，或者说 L 形走势已经触底，至少下滑空间已不大。目前国家坚持稳中求进的总基调，实行积极的财政政策和稳健的货币政策，经济形势稳中向好，预计中国经济未来几年将逐渐走出底部区域。借鉴因果分析法的理念，经济形势变化是起因，市场状况是结果，未来经济形势好转，则石化行业也将迎来新的景气周期。

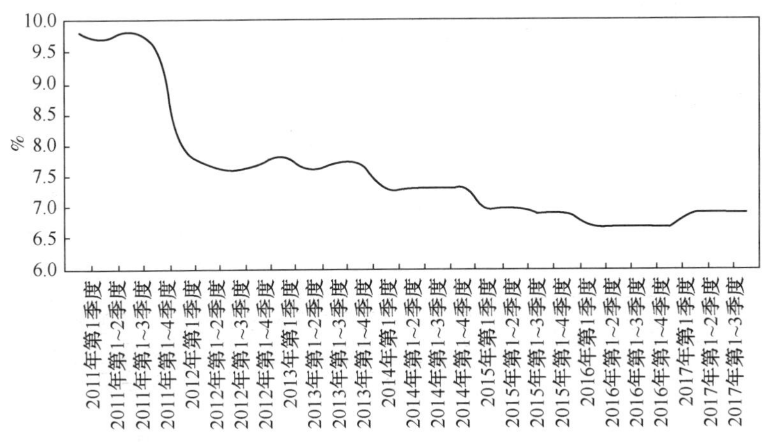

图 4-15　2011—2017 年中国 GDP 季度累计同比增长率变化情况

4.4.2　原油价格跟踪

2011—2017 年世界原油价格走势如图 4-16 所示。从原油价格曲线可以看出，这期间大致可以分为 3 个阶段：2011 年 1 月—2014 年 8 月为第 1 阶段，原油价格高位振荡，月均价最高值 125 美元/桶出现于 2012 年 3 月，最低值 81 美元/桶出现在 2012 年 6 月，而绝大部分时间月均价高于 100 美元/桶。2014 年 9 月至 2015 年 1 月为第 2 阶段，原油价格大幅下跌，速度较快，月均价由接近 100 美元/桶直接降到 50 美元/桶，形似“高台跳水”。2015 年 2 月至今为第 3 阶段，原油价格触底反弹，月均价于 2016 年 1 月探底 32 美元/桶，然后开始反弹，目前在 50 美元/桶以上窄幅波动。

根据前述研究结果，原油价格与石化产品价格走势基本一致。现阶段原油价格已经触底反弹，可能开始缓慢攀升。石化产品市场是否会随之开启上升周期，值得跟踪研究。

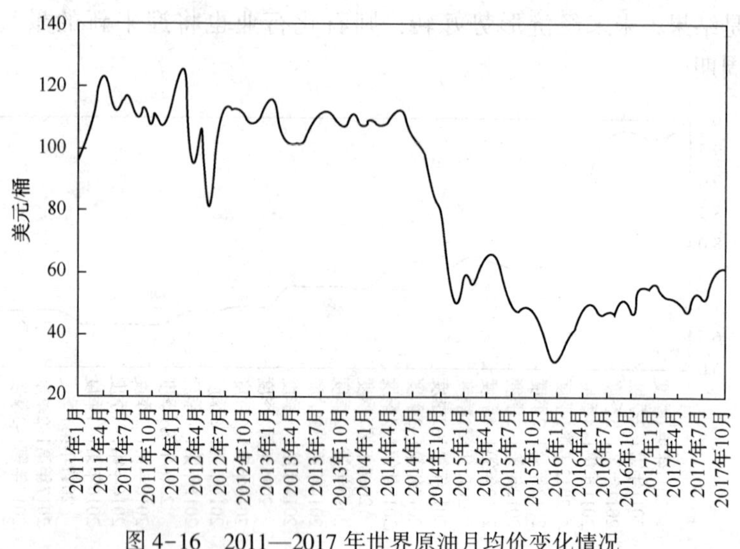

图 4-16　2011—2017 年世界原油月均价变化情况

4.4.3　其他关联因素

2011—2017 年铑金属价格走势如图 4-17 所示，此期间铑的月均价经历了两轮先下跌再反弹的过程。第一轮始于 2011 年 1 月，止于 2014 年 8 月，月均价格先从 2400 美元/盎司左右下跌到 2013 年 12 月的 926 美元/盎司，随后反弹至 2014 年 8 月的 1306 美元/盎司，反弹幅度约为 41%；然后开始了第二轮先下跌再反弹的过程，月均价格于 2016 年 8 月跌至 597 美元/盎司，随后反弹至今，目前略高于 1250 美元/盎司的价位徘徊，反弹幅度约为 109%。第二次反弹幅度明显高于第一次反弹幅度，大约为第一次反弹幅度的 2.7 倍，说明第二次反弹力度较强，存在趋势反转的可能性。

根据前述研究结果，铑的价格与石化产品价格走势存在趋同性。如果铑价格走势转为中长期上涨趋势，则石化产品价格预计也将一同上涨，石化市场预计将迎来景气周期，需要密切关注。

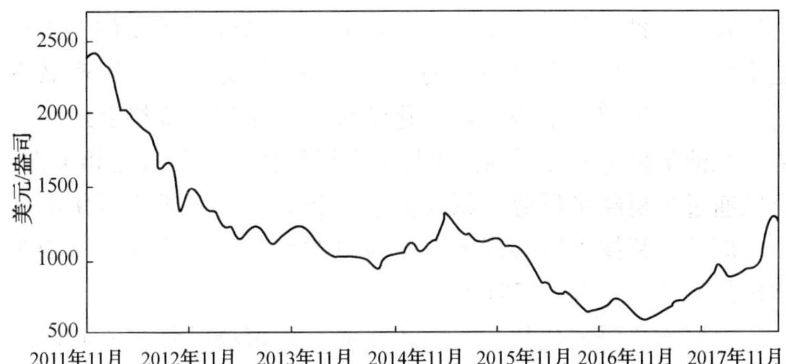

图 4-17　2011—2017 年伦敦金属交易所铑金属月均价变化情况

4.4.4　市场周期把握

根据前文分析，石化行业属于周期性行业。石化产品市场景气状况呈现短周期与长周期交替出现的特点，短周期时间跨度不超过 7 年，长周期时间跨度在 12 年左右。

不仅是前述作为实例的中国苯酚和聚丙烯这两种石化产品，实际上大部分石化产品市场价格从 2011 年开始下跌、少部分从 2012 年开始下跌、个别产品从 2010 年已开始下跌。此次下跌至今已持续 6 年左右，据此推测石化行业大概率已经进入市场变化的长周期。

暂且以 2011 年作为此轮长周期的起点，时间跨度按 12 年左右估计，则石化行业下一个景气高点可能出现在 2023 年左右。回顾 1986 年至今的石化市场，第一个短周期的时间跨度为 6~7 年，第二个短周期的时间跨度为 3~4 年，似有周期轮替加快、时间跨度缩短之势，由此推测长周期也可能像短周期一样缩短。如果此轮长周期按 10 年左右估计，则下一个景气高点可能出现在 2021 年左右。综合考虑上述两种情况，预测石化行业下一个景气高点出现在 2021~2023 年左右的可能性较大。

石化行业属于周期性行业，其产品市场状况可能以长周期、短周期的形式呈现，据此可以推测市场景气时间段的大致范围。

在反映市场景气状况的指标中，产品价格是较为重要的，它也是市场变化各环节中最敏感的因素之一，因此可以研究产品市场价格变化规律、推测市场变化情况。石化产品价格受经济形势、原油价格等方面影响，还与贵金属铑的价格具有正相关性，可以通过分析经济形势、原油价格走势等因素来研究石化市场景气周期。掌握了这些规律，便可以对石化市场状况做出相对准确的预测，把握投资时机。

根据前述研究而初步预测，目前石化市场已经进入底部区域，未来将逐步摆脱不利局面，开启景气周期。单套石化项目的建设期一般需要 2~3 年，大型石化基地的建设时间更长。为了在行业景气高点时间段内建成投产，取得较好的经济效益，石化行业的投资者要把握时机进行项目前期工作。

参 考 文 献

[1] 曹瑞珂，崔廷剑．基于产品生命周期的企业定价决策[J]．现代物业，2012，11(3)：58-60.

[2] 注册咨询工程师执业资格考试教材编写委员会．现代咨询方法与实务[M]．北京：中国计划出版社，2003：12-143.

[3] 胡钰，胡洪力．产品生命周期理论对企业战略管理的启示[J]．商业时代，2006(2)：19-20.

[4] A. 帕拉苏拉曼，德鲁弗·格留沃，R. 克里希南．市场调研(第二版)，中国市场出版社.

[5] 郑宗成，张文双，黄龙，张章新．市场研究中的统计分析方法基础篇. 广州：广东省出版集团，广东经济出版社.

[6] Liu Yuan，Xue Huifeng. OXO Market Supply and Demand Forecast & Investment Economic Analysis. Finance Research，Vol1 No. 2，March 2012，4-10，ISSN：21658226.

[7] 杜吉泽，程钧谟．市场分析(第2版)．北京：经济科学出版社.

[8] 刘媛，薛惠锋．国内外丁辛醇市场分析及对策与建议[J]．化工进展，2010，29(5)：970-975.

[9] 蔡辉．论中国石化产品市场分析方法[J]．改革与战略，2010，26(03)：126-128，146.

[10] 吴丹．浅谈市场预测的三种主要方法[J]．山西焦煤科技，2010，(S1)：103-104.

[11] 杨春凤．现代企业管理的市场调查与预测[J]．中国新技术新产品，2009，(18)：200.

[12] 鞠新业．谈定量预测的应用范围及特点方法[J]．山东行政学院学报，1999，(3)：99-100.

[13] 张风华．拟建项目的市场预测与财务评价[D]．西安：西安建筑科技大学，2006：8-9.

[14] 严谨，梅建生，韦希佳．市场预测的基本理论和定性预测[J]．机械工业标准化与质量，2007，(3)：33-37.

[15] 常青，张红梅．德尔菲法确定市场比较法调整系数的实证研究[J]．工程管理学报，2010，24(2)：206-210.

[16] 屈云波，张少辉．市场细分　市场取舍的方法与案例．北京：企业管理出版社．

[17] 盛洪昌．国际贸易(第二版)．北京：中国人民大学出版社．

[18] 钱蓝．时间序列法在市场预测中的应用[J]．中小企业管理与科技，1011，(10)：33-34.

[19] 杨艳梅．一元回归模型在市场预测中的应用[J]．重庆科技学院学报，1010，12(4)：188-190.

[20] 周小雄．经济预测简介[J]．广东金融研究，1984，(10)：45-50.

[21] 胡坚．弹性系数法在需求预测中的应用[J]．北京统计，1998，(8)：45-46.

[22] SRI international Consulting. World Petrochemicals. OXO Alcohols [R]，2011：1-60.

[23] 刘媛．国内外丁辛醇市场现状及未来预测．当代石油石化，Vol. 16，2008，12，32-35.

[24] 注册咨询工程师执业资格考试教材编写委员会．项目决策分析与评价．北京：中国计划出版社．

[25] 刘媛．石化产品生命周期的研判方法初探．化学工业，2013，(6).

[26] 刘媛，薛惠锋．丁辛醇市场和投资经济性系统分析[J]．现代化工，2012，32(4)：6-10.

[27] SRI international Consulting. World Petrochemicals. OXO Alcohols [R]；2010：1-70.

[28] 董群等．丙烯生产技术的研究进展[J]．化学工业与工程技术，2011，32(1)：35-40.

[29] 陈硕等．丙烯为目的产物的技术进展[J]．石油化工，2011，40(2)：217-224.

[30] 周保国．丙烷脱氢制丙烯技术的工业化应用[J]．乙烯工业，2011，23(2)：10-12.

[31] Tim Foley. Advances in petrochemical technologies[J]. UOP Far Fast Refining & Petrochemicals Conference，Beijing China，April 20，2010.

[32] 王红秋，郑轶丹．丙烷脱氢生产丙烯技术进展[J]．石化技术，2011，18(2)：63-66.

[33] 刘媛，薛惠锋．丁辛醇投资经济性影响因素分析[J]．化工进展，2012，31(6)：1383-1388.

[34] 黄格省等．生物丁醇的性能优势及技术进展[J]．石化技术与应用，2012，30(03)：254-259.

[35] 中国石化咨询公司．中国石油化工项目可行性研究技术经济参数与

数据[Z]. 北京：1995-2015 版.
[36] 吴丹. 浅谈市场预测的三种主要方法[J]. 山西焦煤科技，2010，(s1)：103-104.
[37] 舒朝霞. 化工景气周期还能持续多久[J]. 中国石化，2006，(01)：60-62.
[38] 国家发展和改革委员会网站 http：//www. ndrc. gov. cn
[39] 中国财政部网站 http：//www. mof. gov. cn/index. htm
[40] 中国商务部网站 http：//www. mofcom. gov. cn
[41] 中国工业和信息化部网站 http：//www. miit. gov. cn
[42] 中国海关总署网站 http：//www. customs. gov. cn
[43] 中国人民银行网站 http：//www. pbc. gov. cn
[44] 国家外汇管理局网站 http：//www. safe. gov. cn
[45] 国家统计局网站 http：//www. stats. gov. cn
[46] 国家信息中心网站 http：//www. sic. gov. cn
[47] 中国化工网 http：//china. chemnet. com
[48] 海关统计资讯网 http：//www. chinacustomsstat. com/customsstat
[49] 海关信息网 http：//www. haiguan. info
[50] 中国石油和化学工业联合会网站 http：//www. cpcia. org. cn
[51] 中国石油天然气集团公司网站 http：//www. cnpc. com. cn/cnpc/index. shtml
[52] 中国石油化工集团公司网站 http：//www. sinopecgroup. com/group
[53] 中国海洋石油总公司网站 http：//www. cnooc. com. cn
[54] 中国石化经济技术研究院网站 http：//edri. sinopec. com/edri
[55] 中国石化新闻网 http：//www. sinopecnews. com. cn
[56] 国际货币基金组织网站 http：//www. imf. org/external/index. htm
[57] 世界银行网站 http：//www. worldbank. org
[58] 金拓网 http：//www. kitco. com
[59] 雅虎金融 https：//finance. yahoo. com
[60] 纽约证券交易所网站 https：//www. nyse. com/index
[61] 芝加哥商品交易所集团网站 http：//www. cmegroup. com
[62] 伦敦金属交易所网站 https：//www. lme. com
[63] 上海证券交易所网站 http：//www. sse. com. cn
[64] 深圳证券交易所网站 http：//www. szse. cn